贵州民族语言研究丛书

主编　吴胜伟

凯里养蒿寨苗语语料集萃

代少若　翟玲玉　许才光　著

上海三联书店

序

贾晞儒

任何科学研究，都必须从基础研究开始，基础研究是一切科学研究的根基和出发点。没有基础研究，一切研究都无从谈起；离开了基础研究，其研究也不过是“空中楼阁”，是空门蓬户，没有任何实际科学价值。高深的科学成果，必然是从最基础的研究开始的。语言研究也不例外，没有语言方言的研究成果做基础，其他方面的研究也只能是空中楼阁，可看不可用，没有实际的理论价值和使用价值。

方言是民族语言的根基，而次方言（土语）更是根基的根基。所谓“人类语言”是各民族语言的总称，所以我们要对人类语言有一个全面、深刻的认识，就得从一个个具体的语言研究开始，而要研究每一个具体语言，比如汉语、苗语等，就应该是从它的方言开始，研究方言又得分别从它的语音、词汇、语法等方面进行具体的调查研究，只有对某种语言的各个方言研究的深透和全面，才有可能对其整体语言有一个比较明晰的认识，进而进行其各系统（音系、词汇、词义、语法、修辞等）的专门研究。这样，我们才能够对于这个语言的语音、词汇、语法等领域的规则和特点有一个比较全面的掌握和认识。所以，我们说方言研究是语言研究的基础工作，这个工作做好了，后面的研究就有了根基和牢固的基础。

语言学界有一个普遍的说法："方言是语言的地方变体"。说得具体一点，就是一种语言通行于不同的地区，随着时间的迁移和社会变更，彼此之间形成了一定的差异，即"地方话"，主要表现在语音方面。一般说来，使用人口较多，分布地区比较广阔，其语言就有可能发生地方性的变化，形成方言。但万变不离其根，尽管是各有不同特点的方言，它们却是共同融合成同一种语言的根底。

例如汉语，专家们认为有八大方言，即北方方言（也称官话）、吴方言、湘方言、赣方言、粤方言、客家方言、闽南方言、闽北方言。也有人提出了"晋方言"。在民族语言学界，学者们把苗语分为三大方言，即川黔滇方言、湘西方言和黔东方言。但是我们还可以反过来说，一种语言（除了使用人口极少的某种语言，使用者又聚居于一地，可能没有完全形成方言）一般都会有多种方言，各方言之间"血脉相连"又各有差异，相互交织，互相影响，推动着全民语言的发展、变化。我们再深入一步，方言下面还可以分出次方言或者叫"土语""点方言"，它更是研究一种语言的最基础的工作，是根基的根基。只有对一种语言的每一个点方言有了深入的研究，才能对其语言的整体结构规则、音系特点等做进一步的全面研究。因为任何一种语言体系都是开放的体系，各个方言都会"接受"它输入必要的新鲜"血液"，而它也会积极向各方言体系吸收必要的成分，丰富自己、发展自己，成为结构更加完整、更加缜密、词汇更加丰富、表达方式更加多样的全民族的语言，承担起民族共同语的重任。此外，方言研究的另一个重要价值，就是可以为历史（特别是地方史）、包括地名在内的地域文化、习俗文化、风土人情等的研究提供必要的语料。例如位于贵州省东南苗族侗族自治州西南部的雷山县的西江镇堡子村，苗语称 vangl diel，意思是"汉族寨"。这是清朝绥靖苗区，实行安屯设卫的历史"活化石"，即汉族进入雷山后产生的新寨名。又如，在贵州省的许多县市含有"yenx"和"tenf"的苗语地名，其实都是汉语借词"营"和"屯"的音译。

此外，还有反映苗族支系的地名，如：dlib（西）fangs（方）、gud（勾）、liux（柳）都是苗族古代民族的名称，今天这些氏族住地多以这些氏族名称命名。如以 dlib 为名的凯里市的 dlib hxit（青曼），雷山县的 dlib jang（西江）、台江县的 dlib songd（山丙）、剑河县的 dlib kad（高标）、dlib jab（南嘉）、dlib qud（高丘）等。在其后面隐含着丰富的文化内容和历史的秘笈，需要我们以此为线索进行探赜索隐，更深入、更全面地认识这个民族的过去和现在，探索其社会发展的必然趋势和规律，以及在中华民族族共同体形成过程中的历史地位和作用。

方言研究的重要学术价值和意义不仅如此，就语言关系而言，它还是研究语言相互接触的途径、方式和影响的重要语料。我们知道中华民族是一个多民族相互依存、共同发展，谁也离不开谁的多文化的民族共同体，他们共同生活在中华民族的大美河山之中，相互往来十分密切，但又各有相对集中居住的地域，所以语言的接触往往表现在处于地域边缘的各民族语言方言相互交错、接触和影响，并通过方言的接触影响，互相吸收各自所需要的词汇及其有关成分，进而分别带入本民族语言之中，丰富本民族语言的词汇、表现方式等，推动本民族语言的发展和演变，特别是各少数民族的语言对于汉语的贡献是不可忽视的，它们在丰富和推动汉语发展方面的历史作用是值得我们深入研究的。所以，我们必须加强方言，特别是各少数民族语言的保护、抢救及其方言的研究。在刘正埮、高明凯、麦永乾、史有为四位先生编著的《汉语外来词词典》中就收录了大量的蒙、藏、突厥、满、维等少数民族（包括古代民族）语言的词汇。词汇的吸收，必然会丰富受惠语言的词汇和表现形式，同时也吸收了相应的文化成分，甚至在一定意义上也反映出各个历史阶段的民族经济、文化关系发展的基本状况。

我曾经阅读过 1985 年由民族出版社出版的杨再彪的《湘西苗语东部方言土语比较》、1990 年由中央民族大学出版社出版的罗安源的《现代湘西苗语语法》、2005年由岳麓书社出版的石如金的《苗（湘西方言）汉汉苗语词典》和发表在《民族语文》上的有关苗语研究的论文。但，那都是作为一种兴趣来学习和参照的，没有什么深入的思索，所以，也只有一个肤浅的认识罢了！

代少若和他的同仁完成的贵州黔西南望谟县布依语、黔东南养蒿寨苗语、黔东三都水语调查系列报告，对西南地区部分少数民族语言进行了精细、周全的描述。限于精力，我仅以养蒿寨苗语的报告为例，举苗以赅布（依语）、水（语），谈一些该系列报告的读后心得。

凯里市养蒿寨苗语是黔东方言的一个点方言（次方言），代少若及其同仁对养蒿寨苗语经过实地调查后，将调查报告最终定名为《语料集萃》（以下简称“集萃”），以示其报告性质主要为语料实录。读完该《集萃》，使我眼前一亮，似乎走进了又一个新的语言世界。我虽然读过一些苗语的书籍和材料，但没有真正地静下心来精心阅读，更没有专心研究，只是一种浏览罢了。这次再读《集萃》，却有新的收获。写出来，当作一份作业吧！

在苗语研究方面，一般学者都认为苗语声母多，韵母少，在《集萃》里也证明了这一点，养蒿寨村苗语有8个声调，34个声母（包括零声母）和24个韵母。而在其他一些方言里只有6个声调，但声母和韵母相对要多一些，声母是49个，韵母是35个。可见，这个方言点的语音特点和其他方言点的语音有一定的差异。这个差异就构成了这个方言点的语音和语音结构的地域特点。由于这个特点，构成了养蒿寨苗语的声韵特点，读起来如潺潺如流，平缓而清脆，柔顺而绵绵。我们从《集萃》的例句中摘撷一句简短的话，和汉语作一个粗略比较：

汉语：因为路太窄，所以车子过不去。

苗语：paŋ^{13}tɕo^{55}ki^{35}ɲi^{31}va^{44}，ε^{44}noŋ^{35}tɕo^{55}ts^{h}ei^{33}tsɿ^{55}ʑə^{35}moŋ^{11}a^{55}lei^{44}.

如果把汉语写成现代汉语拼音，那就是：

Yin^{55}wei^{51}lu^{51}tai^{51}zhai^{214}，suo^{35}yi^{214}che^{55}zi^{0}guo^{51}bu^{0}qu^{51}。*①

现在，我们再将这两句话的读音，用图式做一比较（图见下页）

在图式里，我们看到了什么？汉语句读声韵铿锵、起伏较大，高亢有力，而苗语则悠扬舒畅，平缓起伏如潺潺流水，声音柔美。这不仅仅表现了苗、汉两种语言的声音起伏变幻差异之美，而且也会感受到苗、汉两个民族在语感方面的民族心理差异，苗语有高平型、次高平型、次中升型、低平型，却没有降升型；汉语有高平型、降升型、中升型、全降型，却没有次高平型和次平型。它们在一定程度上也反映出两个民族语言审美心理的差异性。是我们认识和研究两个民族心理特质的一个不可忽视的途径。

特别要提出的是，在本《集萃》的苗语词汇里有许多带有相当于汉语名词词缀的“子”的词语，很有讨论的必要。汉语的“子”是一个多功能的单音词，作名词，也可做形容词，甚至还可以做量词。同时可做名词、代词、形容词、量词的后缀，在现代汉语里作为词缀构成的词，在苗语里有相类似的结构形式，但也有很大的区别。在《集萃》中我们看到有少部分跟汉语的结构形式相似，似乎可以认定是汉语的借词。例如：

苗语读音	汉语读音	类别
tɕau^{53}tsɿ^{53}	jiao^{214}zi^{0}	食品（饺子）
tɕen^{33}tsɿ^{53}	jin^{55}zi^{0}	金属（金子）
tε^{11}sɿ^{33}tsɿ^{53}	shi^{55}zi^{0}	动物（狮子）
lu^{33}tsɿ^{53}	lu^{35}zi^{0}	取暖或做饭用的器具（炉子）
sau^{35}tsɿ^{53}	shao^{51}zi^{0}	吹奏的响器（哨子）
tɕ^{h}i^{31}tsɿ^{53}	qi^{35}zi^{0}	玩具（木制或其他材料制成的不同类别的圆形或方形的小块状物，即“棋子”）

可以看出，这一部分词是从汉语借过去的，语音结构基本相同，

① ——* 汉语采用现代汉语拼音字母。下同。

声调却有一定的差别，这是符合借词的基本规律的，所谓“借词”并不一定是整体借用，而是要在受惠语的制约之下有条件的借用。苗语的声调与汉语有较大的差异，调值、调型不完全相同，但都有区别意义的作用，唯独汉语轻声词缀，借入苗语之后，都取得了一定的声调，有了自己特定的调值和调型。上例中的汉语词缀“子”失去了它的独立意义，读轻声，但在苗语里却取得了一定的调值和调型，成为一个构词语素。汉语的“棋子”的“子”是一个构词语素，表明了“棋”的质地和大小形状，即“小而坚硬的块状物或粒状物”，不读轻声，它的调型是“降升型”，而苗语则是“高平型”。

汉语：句子音节声调连接示意图

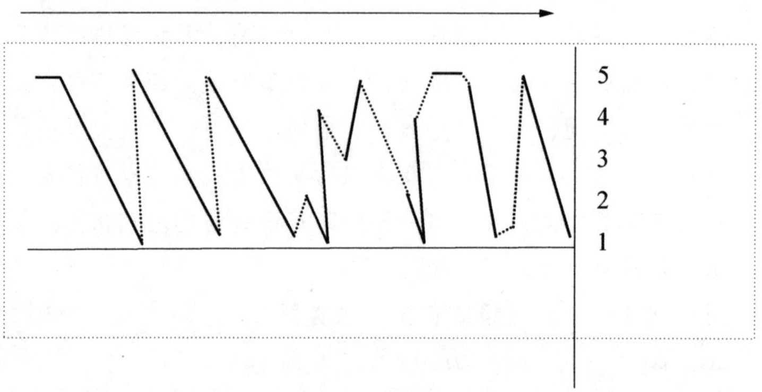

苗语：句子音节声调连接示意图

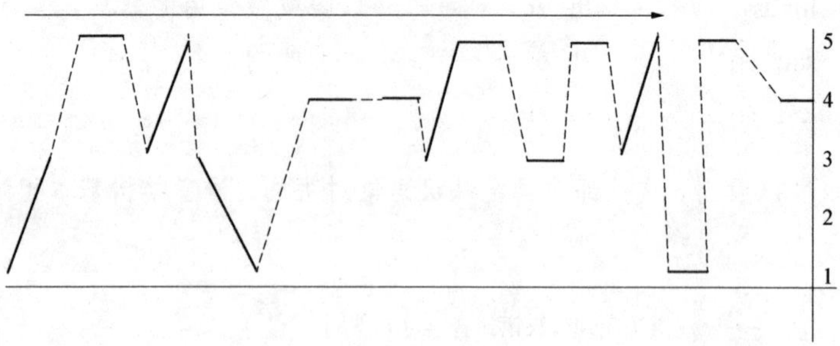

此外，我们还可以看到，在汉语里作为后缀“子”，一般是要读轻声的，而且没有独立的意义，否则，它就是一个构词语素，与其他语素构成复合词，并有声调。例如，我们后面列举的“棋子”的“子”在汉语里，有声调，读上声，降升调，其前例词中的“子”都读轻声，依附于前者的构词语素，而自己没有独立的意义。但在苗语里，就不同了，尽管它们都是从汉语借来的，但有声调，是作为一个构词语素与前者构成了合成词，跟汉语有明显的区别。还有一部分汉语后缀读轻声的“子”，与苗语的读音又若有近似，但它有声调，不同于汉语。例如《集萃》中的 $lɛ^{33}tsɛ^{35}$（房子）、$toŋ^{13}tsɛ^{35}$（柱子）、$tɕo^{55}t^{h}aŋ^{33}tsɛ^{35}$（椽子）等，说明了苗语的构词能力很强，有它自己的独特规律。如果把语言比作一条河流，可以有多条支流，每条支流都有它们的特点，因此，它们必然会吸纳和蕴含流经地域的历史文化、风土人情、生活方式、逸闻轶事、物产地貌等内容，进而汇入到全民语言之中，成为全民族的语言文化结晶。也就是说，一个地区人民的物质创造、精神创造都无一例外地反映在本地区的方言之中，《集萃》中只汇集了一部分具有典型语法意义的句子和一首歌谣、两首童谣，尽管是九牛一毛，我们也能体会到养蒿苗语的地方文化的特色和与苗语整体文化体系的包容互动的“母”“子”系统的亲密关系。

我们知道，语言运用的总趋势是趋同、融合大于疏远和分离，特别是进入现代社会，彼此之间的语言交流、融汇的速度日益加快，语言无区别地为全民服务的本质决定其方言必然成为本民族语言发展的一个内在动力，所以，从根本上讲，研究方言是语言研究的第一步，这一步走好了，就为后面的深入研究打下了扎实的基础。我想《集萃》的初衷也在于此，其意义必在以后的实践中得到显示。这也是我由衷的期盼。

贾晞儒写于西宁市湟水河畔叟怡斋

2021 年 5 月 30 日

前 言

本调查报告，是贵州省民族文化宫委托兴义民族师范学院的调研项目“2019贵州省民族语言文化数字化保护项目”的一部分。该项目分期进行，2019年执行的是第一期，共有三个贵州省少数民族语言点，分别是（按调查时间先后）望谟县复兴镇布依语、凯里市养蒿寨苗语、三都中和镇三洞水语。本书为凯里市养蒿寨苗语的调查内容。

本次调查，以中国语言保护工程所制定的民族语言调查手册为范本，共调查了3000余个词语，100条基本语法例句，除此之外，还录制了部分口头文化作品，如歌谣、故事、祷词等。

养蒿寨距凯里市区十几公里，是苗族聚居村寨。1956年，国家有关部门依据养蒿寨的语音标准，制定了拉丁字母的黔东苗语文字。本次调查选择养蒿寨作为苗语调查点，实也有“标准音”优先的考虑。

养蒿寨苗语作为黔东苗语的代表语音，已有前贤时彦不少的研究成果。我们这次调查，意在养蒿寨苗语发展的历史上，截取最近的这个时间切面，收录、描写现在养蒿寨的苗语发展现状。所有的语言调研，形成一份调查报告，作为实录性的资料文档备存。

调查大纲以汉语标写的词条、例句为基本内容，苗语发音人依照我们所提供的词句，说出相应的苗语。为保证语言的真实发音情况可查、可视听，后期我们依照“中国语言保护工程”的操作规定，对调查大纲所要求的调查内容，进行了摄像录音。也就是说，本调查报告的词句、部分口头文化等，都有相应的音频、视频供查、视、听。

本书在记录语音方面，采用了“汉字（记义）、国际音标、苗文”三种语音、文字符号的体例，方便不同的读者、研究者使用。“汉字”即调查大纲的基本内容；国际音标以1987年中央民族学院苗瑶语研究室编写的《苗瑶语方言词汇集》里“黔东苗语”的音系为标准；苗文是以国家于二十世纪50年代制定的苗文方案为基础。

在调查过程中，我们以发音人的录音、视频为主要依据，按实记录。有些词句的发音，与之前的调研成果有一定的差异，从真实反映语言现状的原则考虑，我们按实际发音进行记录。因此，音系整理会与1987年的《苗瑶语方言词汇集》有所差异。另，苗语里的部分汉语借词，增加了一些新的音素，这些音素仅在汉语借词里用到，亦未曾在《苗瑶语方言词汇集》（1987）里出现，我们将这部分音素单列，以示区别。如声母[z]，是真实存在于现在养蒿寨苗语里的辅音。在苗文里，现在声母念[z]的音节，都用[n]记录；我们据实在国际音标里记录为[z]，苗文仍将声母记为n。其他类似情况用同样的方法处理。

本调查得到发音人许才光老师的大力支持。许老师是养蒿寨苗文学堂的校长，精通苗文。在甄别区分音素方面，许老师通过写苗文的方式，给了母语人权威的观点。我们基本上采取了许老师关于苗语的语音意见，有分歧的地方则与《苗瑶语方言词汇集》（1987）、《苗汉词典》（1990）参照定夺。

本项目的语言调查工作、后期整理工作，得到了众多单位及个人的支持与帮助。除委托单位贵州省民族文化宫（贵州省民族博物馆）、立项单位兴义民族师范学院外，还有贵州省民宗委、凯里市民宗局、兴义民族师范学院文学与传媒学院、安庆师范大学等。凯里市民宗局全程为调查开路，为我们联系调查对象、场地，安排、对接口头文化表演方便我们拍摄记录。苗语调查的语料摄录全程由兴义民族师范学院文学与传媒学院广电专业的各年级学生承担，兴义民族师范学院汉语国际教育专业、汉语言文学专业部分凯里籍的苗族学生协助了本项目调查、摄录及资料整理，对同学们的辛勤付出，表示由衷的感谢。笔者的工作单位也为本项目的实施、完成给予了工作上的便利，特致谢忱！衷心感谢项目验收专家对项目的把关，并提出了宝贵的修改意见。最后，要特别感谢青海民族师范大学的贾晞儒先生为本书作序。贾先生一生致力于西北少数民族语言的钻研，研究成果等身，是民族语言学研究的开拓者。贾先生的序，是对后辈们工作的鼓励与奖掖。

目 录

凯里养蒿寨苗语音系

声调 8 个

调号	1	2	3	4	5	6	7	8
调值	33	55	35	11	44	13	53	31
苗文	b	x	d	l	t	s	k	f
例词	捶[ti^{33}]	掉下[pε^{55}]	撬[o^{35}]	涮[ʑi^{11}]	抬[qaŋ^{44}]	找[ɣaŋ^{13}]	拴[tɕo^{53}]	砍[ma^{31}]

说明：低升调 13、高升调 35 在单音节词发音时，部分词有相混现象；二调同处一词时，可截然分开。

声母 34 个，包括零声母

国际音标	p	p^{h}	m	m^{h}	f	f^{h}	v
苗文	b	p	m	hm	f	hf	w
例词	雪[pε^{44}]	烧[p^{h}i^{13}]	盖[mə^{13}]	说[m^{h}a^{44}]	瓜[fa^{33}]	轻[f^{h}a^{33}]	转[va^{13}]
国际音标	t	t^{h}	n	n^{h}	ɬ	ɬ^{h}	l
苗文	d	t	n	hn	dl	hl	l

续 表

例词	远[to^{11}]	解~开绳子[t^ha^{33}]	下~蛋[na^{13}]	天两~[$n^h\varepsilon^{33}$]	骗[$ɬa^{33}$]	疼~小孩[$ɬ^hi^{33}$]	拆[lo^{55}]
国际音标	ts	ts^h			s	s^h	z
苗文	z	c			s	hs	n
例词	顽皮[tso^{53}]	吹~口哨[ts^ho^{33}]			早[so^{35}]	气味[s^hu^{33}]	忙[za^{31}]
国际音标	tɕ	$tɕ^h$			ɕ	$ɕ^h$	ʑ
苗文	j	q			x	hx	y
例词	嚼[$tɕa^{44}$]	动[$tɕ^haŋ^{44}$]			提[$ɕu^{53}$]	挑[$ɕ^hu^{44}$]	小[$ʑu^{44}$]
国际音标	k	k^h	ŋ			x^h	ɣ
苗文	g	k	ng			hv	v
例词	低[ka^{11}]	耙~田[k^ha^{53}]	懒[$ŋi^{11}$]			高[x^hi^{33}]	菜[$ɣo^{33}$]
国际音标	q	q^h			h		ʔ
苗文	gh	kh			h		
例词	叫[qa^{44}]	包~药[$q^h\varepsilon^{35}$]			白~跑一趟[ha^{44}]		

续　表

国际音标	Ø不标						
苗文	/不标						
例词	水[$ə^{33}$]						

说明：

1. [k] [k^h] [ŋ] 接单韵母 [a] 时，发音位置靠前，呈明显腭化；
2. 零声母 [Ø] 前有喉塞音 ˀ 色彩。
3. [z]、[n] 两个辅音声母，在苗文里处理成一个音位；但实际调查资料显示，目前此两个辅音声母并未达到可随意变读的程度。

韵母 24 个

国际音标		i	u	国际音标	ɛ		
苗文		i	u	苗文	ai		
例词		平[pi^{13}]	瘦[su^{44}]	例词	短[$lɛ^{35}$]		
国际音标	a	ia	ua	国际音标			iu
苗文	a	ia	ua	苗文			iu
例词	长[ta^{35}]	趟去—～[tia^{13}]	西瓜[$çi^{33}kua^{33}$]	例词			六[tiu^{44}]

续 表

国际音标	o	io		国际音标	ei		ui
苗文	o	io		苗文	ei		ui
例词	深[to^{33}]	牛[lio^{35}]		例词	也[sei^{55}]		罪[tsui^{35}]
国际音标	ə	iə		国际音标	au	iau	
苗文	e	ie		苗文	ao	iao	
例词	水[ə^{33}]	浑[niə^{11}]		例词	照[tsau^{35}]	（油）条[t^{h}iau^{31}]	
国际音标	en	in	uen	国际音标	aŋ	iaŋ	uaŋ
苗文	en	in	un	苗文	ang	iang	uang
例词	哭[ken^{55}]	翻[lin^{35}]	馄（饨）[k^{h}un^{31}]	例词	宽[faŋ^{35}]	胖[tiaŋ^{13}]	光~说不干[kuaŋ^{33}]
国际音标	oŋ	ioŋ		国际音标	m̩		
苗文	ong	iong		苗文	m		
例词	雨[noŋ^{13}]	肯[nioŋ^{44}]		例词	语流中“你”[moŋ^{55}]省读为[m̩]		

说明：1. 韵母［a］有前元音［a］、中元音［ʌ］两个音位，在［k］［k^{h}］［ŋ］前读［a］，其他情况读［ʌ］；

2. 韵母［ə］发音靠后、稍高，在［ə］与［ɯ］之间；

3. 韵母［i］在部分舌尖中声母如［t］［t^h］后，后衍有一个滑音［e］色彩；

4.［aŋ］韵尾［ŋ］鼻音色彩较弱。

汉语完整借词用韵母 5 个

国际音标　ɿ　“子”［tsɿ^{55}］　e“舍［se^{55}］”　ie“片［p^hie^{35}］”　ue“款［k^hue31］”　ye“月（饼）［ye^{31}］”

苗文　i　ee　iee　uee　wi

养蒿寨苗语词汇语音发展变化例举

《苗瑶语方言词汇集》（1987）、《苗汉词典（黔东方言）》（1990）都是以养蒿寨苗语口音为标准收集苗语词语的词汇集。通过与这两种文献对比，本次调查发现，养蒿寨苗语在语音上有一定变化，具体在一些词语里。按韵母、声母、声调顺序列举如下：

文献	本次调查	文献	本次调查	文献	本次调查
i	a	iə	i	ɬ	l
肉［ŋi^{55}］	肉［ŋa^{55}］	鸡冠子［niə^{33}］	鸡冠子［ni^{33}］	围嘴儿［ɬiə^{53}］	围嘴儿［liə^{13}］
i	ia	iu	in	n	z
怕［$ɕ^h$i^{33}］	怕［$ɕ^h$a^{33}］	［liu^{44}］	皮子［lin^{44}］	孤儿［na^{13}］	孤儿［za^{13}］
跳［ti^{53}］	跳［tia^{53}］	io	i		
插［t^hi^{53}］	插［t^hia^{53}］	是［tio^{13}］	是［ti^{13}］	11	13

续 表

文献	本次调查	文献	本次调查	文献	本次调查
舌头[ni^{31}]	舌头[nia^{31}]	ei	ɛ	卖[mɛ^{11}]	卖[mɛ^{13}]
ɛ	a	巳[sei^{11}]	巳[sɛ^{11}]	11	33
丝瓜[fa^{33}s^{h}ɛ^{33}]	丝瓜[fa^{33}s^{h}a^{33}]	en	ə	散[tsaŋ^{11}]	散[tsaŋ^{33}]
砧板[q^{h}ɛ^{33}]	砧板[q^{h}a^{33}]	眉毛[nen^{35}]	眉毛[nə^{35}]		
晒[tsɛ^{33}]	晒[tsa^{33}]	en	ei		
脑髓[ɬɛ^{33}]	脑髓[ɬa^{33}]	发疯[tsen^{33}toŋ^{33}]	发疯[tsei^{33}toŋ^{33}] “疯子、疯狗”的“疯”仍念tsen^{33}		
ɛ	aŋ	aŋ	ɛ		
妈妈[mɛ^{13}]	妈妈[maŋ^{13}]	大象[s^{h}aŋ^{44}]	大象[s^{h}ɛ^{44}]		
玻璃[mɛ^{13}n^{h}ɛ^{33}]	玻璃[maŋ^{13}n^{h}ɛ^{33}]	oŋ	aŋ		
a	aŋ	织布机[soŋ^{55}to^{55}]	织布机[saŋ^{55}to^{55}]		
碑[pa^{55}]	碑[paŋ^{55}]	ioŋ	ia		
ə	o	黄水[ə^{33}lioŋ^{55}li^{31}]	黄水[ə^{33}lia^{55}li^{31}]		

续 表

文献	本次调查	文献	本次调查	文献	本次调查
疯狗[$ɬa^{33}tsə^{33}nə^{55}$]	疯狗[$ɬa^{33}tsə^{33}zc^{55}$]	ioŋ	io		
o	ε	高跷[$ma^{11}tioŋ^{53}$]	高跷[$ma^{11}tio^{31}$]		
脚[lo^{33}]	脚[$lε^{33}$]				
u	en				
蹄子[$tɕ^{h}u^{44}$]	蹄子[$tɕ^{h}en^{44}$]				

凯里养蒿寨苗语词汇

词目	国际音标	苗文	词目	国际音标	苗文
太阳	[$n^{h}ɛ^{33}$/$lɛ^{33}n^{h}ɛ^{33}$]	hnaib/laib hnaib	月亮	[$ɬ^{h}a^{44}$/$lɛ^{33}ɬ^{h}a^{44}$]	hlat/laib hlat
星星	[$tɛ^{33}qɛ^{33}$]	daib ghaib	云	[$tə^{44}ə^{44}$/$qa^{33}ɬ^{h}u^{53}vɛ^{55}$]	det et/ghab hluk waix
风	[$tɕen^{44}$]	jent	台风	[$tɕen^{44}ɬ^{h}iə^{33}tɕen^{44}ʑaŋ^{31}$]	jent hlieb jent yangf
闪电名词	[$lia^{31}ho^{33}$]	liaf hob	雷	[ho^{33}]	hob
雨	[$noŋ^{13}$]	nongs	下雨	[$ta^{55}noŋ^{13}$]	dax nongs
淋被雨～湿了	[$ɕu^{31}$]	xuf	晒～粮食	[tsa^{33}]	zab
雪	[$pɛ^{44}$]	bait	冰	[$ɬiə^{53}$]	dliek
冰雹	[$ho^{33}liu^{11}$]	hob liul	霜	[$ta^{44}ɬu^{33}$]	dat dlub
雾	[$ə^{33}ho^{33}$]	eb hob	露	[$ə^{33}ta^{44}$]	eb dat
虹	[$ɣoŋ^{55}hə^{53}ə^{33}$]	vongx hek eb	日食	[$tɕə^{53}naŋ^{55}n^{h}ɛ^{33}$]	jek nangx hnaid

续　表

词目	国际音标	苗文	词目	国际音标	苗文
月食	[tɕə^{53}naŋ^{55}ɬ^{h}a^{44}]	jek nangx hlat	天气	[qa^{33}vɛ^{55}]	ghab waix
晴（天~）	[q^{h}a^{33}vɛ^{55}]	khab waix	阴（天~）	[s^{h}ə^{33}vɛ^{55}]	hseb waix
旱（天~）	[ki^{11}lu^{11}]	gil lul	涝（天~）	[laŋ^{31}]	langf
天亮	[faŋ^{55}vɛ^{55}]	fangx waix	水田	[li^{55}ə^{33}]	lix eb
旱地（浇不上水的耕地）	[la^{13}ki^{11}]	las gil	田埂	[ɕ^{h}aŋ^{33}li^{55}]	hxangb lix
路（野外的）	[tɕo^{55}ki^{35}]	jox gid	山	[po^{53}]	bok
山谷	[qa^{33}tioŋ^{11}]	ghab diongl	江（大的河）	[ə^{33}n^{h}iaŋ^{33}]	eb hniangb
溪（小的河）	[ə^{33}ʑu^{44}/qa^{33}ki^{31}]	eb yut/ghab gif	水沟儿（较小的水道）	[qa^{33}ki^{31}ə^{33}]	ghab gif eb
湖	[oŋ^{35}ɕ^{h}u^{33}]	ongd hxub	池塘	[oŋ^{35}ʑu^{44}]	ongd yut
水坑儿（地面上有积水的小洼儿）	[q^{h}aŋ^{35}vaŋ^{11}ə^{33}]	khangd wangl eb	洪水	[ə^{33}ɬ^{h}iə^{33}]	eb hlieb

续 表

词目	国际音标	苗文	词目	国际音标	苗文
淹被水～了	[mə^{13}]	mes	河岸	[qa^{33}pu^{53}ə^{33}/qa^{33}niaŋ^{13}ə^{33}]	ghab but eb/ghab niangs eb
坝拦河修筑拦水	[qa^{33}tə^{35}ə^{33}]	ghab ded eb	地震	[tɕ^{h}aŋ^{44}vɛ^{55}ɬ^{h}ioŋ^{53} ta^{33}]	qangt waix hliongk dab
窟窿小的	[q^{h}aŋ^{35}vaŋ^{11}]	khangd wangl	缝儿统称	[qa^{33}qoŋ^{13}]	ghab ghongs
石头统称	[po^{35}ɣi^{33}]	bod vib	土统称	[qa^{35}ta^{33}]	ghad dab
泥湿的	[qa^{35}saŋ^{35}]	ghad sangd	水泥旧称	[qa^{35}ɕ^{h}u^{35}ɣi^{33}/ʑaŋ^{31}hui^{33}]	ghad hxud vib/yangf huib
沙子	[qa^{33}s^{h}a^{44}]	ghab hsat	砖整块的	[ɣi^{33}ɕen^{33}]	vib xenb
瓦整块的	[ɣi^{33}ŋi^{11}]	vib ngil	煤	[mei^{31}]	meif
煤油	[ə^{33}ʑu^{55}tiə^{11}/ʑaŋ^{31}ʑu^{31}]	eb yux diel/yangf yuf	炭木炭	[t^{h}ɛ^{44}]	tait
灰烧成的	[qa^{35}ɕ^{h}u^{35}]	ghad hxud	灰尘桌面上的	[qa^{33}p^{h}en^{33}]	ghab penb
火	[tu^{11}]	dul	烟烧火形成的	[ə^{33}i^{33}]	eb ib

续 表

词目	国际音标	苗文	词目	国际音标	苗文
失火	[ko^{13}tu^{11}/s^{h}a^{44}tu^{11}]	gos dul/hsat dul	水	[ə^{33}]	eb
凉水	[ə^{33}sei^{11}]	eb seil	热水洗脸用	[ə^{33}ɕ^{h}ə^{35}]	eb hxed
开水喝的	[ə^{33}k^{h}i^{33}]	eb kib	磁铁	[ts^{h}ɿ^{31}t^{h}ie^{31}]	cif tieef
时候吃饭的～	[qa^{33}ɕ^{h}i^{33}]	ghab hxib	什么时候	[lɛ^{33}ɕ^{h}i^{33}tei^{13}]	laib hxib deis
现在	[ɕaŋ^{31}noŋ^{35}]	xangf nongd	以前	[ɕaŋ^{31}ten^{55}/ ɕaŋ^{31}ki^{35}ten^{55}/ ɕaŋ^{31}taŋ^{11}f^{h}u^{35}]	xangf denx/xangf gid denx /xangf dangl hfud
以后十年～	[ɕaŋ^{31}qaŋ^{33}/ ɕaŋ^{31}taŋ^{11}qaŋ^{33}]	xangf ghangb/xangf dangl ghangb	一辈子	[i^{33}saŋ^{13}nɛ^{55}]	ib sangs naix
今年	[n^{h}iu^{44}noŋ^{35}]	hniut nongd	明年	[n^{h}iu^{44}qaŋ^{33}]	hniut ghangb
后年	[n^{h}iu^{44}vɛ^{55}]	hniut waix	去年	[n^{h}iu^{44}ɛ^{33}]	hniut aib
前年	[n^{h}iu^{44}ten^{55}]	hniut denx	往年过去的年份	[to^{11}niaŋ^{55}n^{h}iu^{44}taŋ^{11} f^{h}u^{35}/to^{11}niaŋ^{55}n^{h}iu^{44} ki^{13}ten^{55}]	dol niangx hniut dangl hfud/dol niangx hniut gis denx

续 表

词目	国际音标	苗文	词目	国际音标	苗文
年初	[qa^{33}f^{h}u^{35}n^{h}iu^{44}/ qa^{33}qa^{33}n^{h}iu^{44}]	ghab hfud hniut/ ghab ghab hniut	年底	[qa^{33}ku^{31}n^{h}iu^{44}]	ghab guf hniut
今天	[n^{h}ε^{33}noŋ^{35}]	hnaib nongd	明天	[fu^{33}fa^{11}/fa^{11}so^{35}]	fub fal/fal sod
后天	[s^{h}ε^{33}ʑen^{11}]	hsaib yenl	大后天	[s^{h}ε^{33}vε^{55}]	hsaib waix
昨天	[n^{h}ε^{33}noŋ^{11}]	hnaib nongl	前天	[n^{h}ε^{33}ten^{55}]	hnaib denx
大前天	[n^{h}ε^{33}ε^{33}]	hnaib aib	整天	[tɕu^{11}n^{h}ε^{33}]	jul hnaib
每天	[n^{h}ε^{33}n^{h}ε^{33}]	hnaib hnaib	早晨	[ɕ^{h}i^{33}ta^{44}so^{35}]	hxib dat sod
上午	[ɕ^{h}i^{33}ta^{44}qε^{33}]	hxib dat ghaib	中午	[tioŋ^{33}n^{h}ε^{33}]	diongb hnaib
下午	[tioŋ^{33}n^{h}ε^{33}fa^{44}]	diongb hnaib fat	傍晚	[tei^{35}m^{h}aŋ^{44}]	deid hmangt
白天	[tioŋ^{33}n^{h}ε^{33}]	diongb hnaib	夜晚与白天相对，统称	[ɕ^{h}i^{33}m^{h}aŋ^{44}]	hxib hmangt
半夜	[taŋ^{11}m^{h}aŋ^{44}]	dangl hmangt	正月农历	[ɬ^{h}a^{44}niaŋ^{55}hi^{33}/ ɬ^{h}a^{44}qε^{35}]	hlat niangx hib/hlat ghaid

续 表

词目	国际音标	苗文	词目	国际音标	苗文
大年初一农历	[niaŋ^{55}hi^{33}/ n^{h}ε^{33}niaŋ^{55}qε^{35}]	niangx hib/hnaib niangx ghaid	元宵节	[niaŋ^{55}tɕu^{31}tsa^{33}]	niangx juf zab
清明	[po^{33}paŋ^{55}liaŋ^{55}/ tɕi^{44}paŋ^{55}liaŋ^{55}]	bob bangx liangx/jit bangx liangx	端午	[tə^{33}vu^{11}]	deb wul
七月十四相当于中元节	[mo^{11}ɬ^{h}a^{44}ɕoŋ^{13}/ mo^{11}ɬiaŋ^{33}tsaŋ^{13}]	mol hlat xongs/mol dliangb zangs	中秋	[toŋ^{35}ɬ^{h}a^{44}ʑa^{31}tɕu^{31} tsa^{33}]	dongd hlat yaf juf zab
冬至	[toŋ^{35}qa^{33}sei^{11}]	dongd ghab seil	腊月农历十二月	[toŋ^{35}ku^{31}sei^{11}]	dongd guf seil
除夕	[qa^{33}ku^{31}n^{h}iu^{44}]	ghab guf hniut	历书	[tu^{35}niaŋ^{55}n^{h}iu^{44}]	dud niangx hniut
阴历	[toŋ^{35}m^{h}u^{33}]	dongd hmub	阳历	[toŋ^{35}tiə^{11}]	dongd diel
星期天	[ɕin^{33}tɕ^{h}i^{33}t^{h}ie^{33}]	xinb qib tieeb	地方	[tɕo^{55}faŋ^{33}]	jox fangb
什么地方	[tɕo^{55}faŋ^{33}pə^{44}tei^{13}/ tɕo^{55}faŋ^{33}haŋ^{35}tei^{13}]	jox fangb bet deis/ jox fangb hangd deis	家里	[tiu^{33}tsε^{35}]	diub zaid
城里	[tiu^{33}ʑi^{13}]	diub yis	乡下	[tiu^{33}faŋ^{33}]	diub fangb
上面从～滚下来	[p^{h}a^{44}vε^{55}]	pat waix	下面从～爬上来	[p^{h}a^{44}ta^{33}]	pat dab

续 表

词目	国际音标	苗文	词目	国际音标	苗文
左边	[pʰa^{44}tɕaŋ^{11}/ pʰa^{33}tɕa^{31}]	pat jangl/pat jaf	右边	[pʰa^{44}tei^{55}/ pʰa^{44}pi^{11}tei^{55}]	pat deix/pat bil deix
中间$_{排队排在～}$	[qa^{33}tioŋ^{33}]	ghab diongb	前面$_{排队排在～}$	[ki^{35}taŋ^{11}fʰu^{35}]	gid dangl hfud
后面$_{排队排在～}$	[ki^{35}taŋ^{11}qaŋ^{33}]	gid dangl ghangb	末尾$_{排队排在～}$	[sʰa^{44}qaŋ^{33}/ qa^{33}tɛ^{35}]	hsat ghangb/ghab daid
对面	[xʰaŋ^{33}bi^{11}]	hvangb bil	面前	[qa^{33}mɛ^{13}/pʰa^{33}mɛ^{13}]	ghab mais/pab mais
背后	[taŋ^{11}ku^{31}/taŋ^{11}qaŋ^{33}]	dangl guf/dangl ghangb	里面$_{躲在～}$	[ki^{35}niaŋ^{13}]	gid niangs
外面$_{衣服晒在～}$	[ki^{35}ku^{55}]	gid gux	旁边	[qa^{33}pu^{44}]	ghab but
上$_{碗在桌子～}$	[pʰa^{44}vɛ^{55}]	pat waix	下$_{凳子在桌子～}$	[pʰa^{44}ta^{33}]	pat dab
边儿$_{桌子的～}$	[qa^{33}pu^{44}]	ghab but	角儿$_{桌子的～}$	[qa^{33}ki^{33}]	ghab gib
上去$_{他～了}$	[tɕi^{44}vɛ^{55}]	jit waix	下来$_{他～了}$	[ŋɛ^{11}ta^{33}]	ngail dab
进去$_{他～了}$	[ɬen^{11}moŋ^{11}]	dlenl mongl	出来$_{他～了}$	[ɬen^{11}lo^{11}]	dlenl lol

续 表

词目	国际音标	苗文	词目	国际音标	苗文
出去他～了	[moŋ^{11}ku^{55}moŋ^{11}]	mongl gux mongl	回来他～了	[tiaŋ^{35}lo^{11}]	diangd lol
起来天冷～了	[fa^{11}lo^{11}]	fal lol	树	[tə^{44}]	det
木头	[qɛ^{35}tə^{44}]	ghaid det	松树统称	[tə^{44}qei^{35}]	det gheid
柏树统称	[tə^{44}qei^{35}ɕaŋ^{33}]	det gheid xangb	杉树	[tə^{44}tɕi^{33}]	det jib
柳树	[tə^{44}lia^{55}liə^{13}ə^{33}]	det liax lies eb	竹子统称	[tə^{44}ɬ^{h}o^{35}]	det hlod
笋	[za^{13}]	nas	叶子	[qa^{33}nə^{55}]	ghab nex
花	[paŋ^{55}]	bangx	花蕾花骨朵	[qa^{33}po^{35}paŋ^{55}]	ghab bod bangx
梅花	[paŋ^{55}ɕu^{55}]	bangx xux	牡丹	[paŋ^{55}vaŋ^{55}]	bangx wangx
荷花	[paŋ^{55}oŋ^{35}]	bangx ongd	草	[qa^{33}zaŋ^{55}]	ghab nangx
藤	[qa^{33}pa^{13}]	ghab bas	刺名词	[pə^{11}]	bel
水果	[tsen^{35}]	zend	苹果	[tsen^{35}p^{h}in^{31}ko^{55}]	zend pinf gox
桃子	[tsen^{35}ɬen^{55}]	zend dlenx	梨	[tsen^{35}ɣa^{55}]	zend vax
李子	[tsen^{35}zaŋ^{13}]	zend nangs	杏	[tsen^{35}maŋ^{33}]	zend mangb

续　表

词目	国际音标	苗文	词目	国际音标	苗文
橘子	[tsen^{35}qɛ^{53}ʑu^{44}]	zend ghaik yut	柚子	[tsen^{35}qɛ^{53}ɬ^{h}iə^{33}]	zend ghaik hlieb
柿子	[tsen^{35}mi^{11}]	zend mil	石榴	[tsen^{35}sɿ^{11}liu^{33}]	zend sil liub
枣	[tsen^{35}ki^{44}qei^{33}]	zend git gheib	栗子	[tsen^{35}ʑə^{11}]	zend yel
核桃	[tsen^{35}hɛ^{31}t^{h}au^{31}]	zend haif taof	银杏白果	[tsen^{35}ʑen^{31}ɕuen^{35}]	zend yenf xund
甘蔗	[qa^{33}tə^{44}taŋ^{31}]	ghab det dangf	木耳	[tɕi^{33}zɛ^{55}pɛ^{31}]	jib naix baif
蘑菇野生的	[tɕi^{33}qa^{33}ta^{33}]	jib ghab dab	香菇	[tɕi^{33}tə^{44}maŋ^{55}]	jib det mangx
稻子指植物	[qa^{33}tə^{44}na^{55}]	ghab det nax	稻谷指子实，去壳后是大米	[qa^{33}s^{h}a^{33}na^{55}]	ghab hsab nax
稻草脱粒后的	[qa^{33}loŋ^{35}ka^{35}na^{55}]	ghab longd gad nax	大麦指植物	[ka^{35}maŋ^{11}lu^{11}]	gad mangl lul
小麦指植物	[ka^{35}maŋ^{11}tɕaŋ^{44}]	gad mangl jangt	麦秸脱粒后的	[qa^{33}loŋ^{35}ka^{35}maŋ^{11}]	ghab longd gad mangl
谷子指植物，子实脱粒后是小米	[qa^{33}niu^{13}ka^{35}qo^{11}]	ghab nius gad ghol	高粱指植物	[tɕu^{33}mɛ^{55}]	jub maix
玉米指成株的植物	[ka^{35}tiə^{11}]	gad diel	棉花指植物	[qa^{33}ɬ^{h}ioŋ^{33}s^{h}en^{33}]	ghab hliongb hsenb

续 表

词目	国际音标	苗文	词目	国际音标	苗文
油菜油料作物，非蔬菜	[ɣo^{33}ʑu^{55}]	vob yux	芝麻	[ʑu^{55}mi^{55}]	yux mix
向日葵	[pə^{55}mə^{13}n^{h}ε^{33}]	bex mes hnaib	蚕豆	[tə^{31}ma^{33}]	def mab
豌豆	[tə^{31}fa^{33}tɕ^{h}o^{33}]	def fab qob	花生指果实	[tə^{31}qa^{35}ta^{33}/fa^{33}sen^{33}]	def ghad dab/fab senb
黄豆	[tə^{31}pu^{35}]	def bud	绿豆	[tə^{31}no^{55}]	def nox
豇豆长条形的	[tə^{31}qo^{33}]	def ghob	大白菜	[ɣo^{33}ɬu^{33}]	vob dlub
包心菜卷心菜球形的	[ɣo^{33}po^{35}to^{11}]	vob bod dol	菠菜	[ɣo^{33}po^{33}ts^{h}ε^{35}]	vob bob caid
芹菜	[ɣo^{33}ŋε^{55}lio^{35}]	vob ngaix liod	莴笋	[ɣo^{33}qa^{33}tə^{44}]	vob ghab det
韭菜	[ɣo^{33}ni^{55}qa^{33}liu^{11}]	vob nix ghab liul	香菜芫荽	[ɣo^{33}kaŋ^{33}qei^{33}]	vob gangb gheib
葱	[ɣo^{33}ni^{55}tioŋ^{55}]	vob nix diongx	蒜	[ɣo^{33}ni^{55}qa^{55}/ ɣo^{33}ni^{55}s^{h}en^{44}]	vob nix ghax/vob nix hsent
姜	[k^{h}i^{35}na^{31}]	kid naf	洋葱	[ɣo^{33}ni^{55}tioŋ^{55}ɬ^{h}iə^{33}/ ɣo^{33}ni^{55}ʑaŋ^{31}ts^{h}oŋ^{33}]	vob nix diongx hlieb/ vob nix yangf congb

续 表

词目	国际音标	苗文	词目	国际音标	苗文
辣椒统称	[ə^{33}so^{33}/tsen^{35}na^{31}]	eb sob/zend naf	茄子统称	[tsen^{35}tɕa^{55}]	zend jax
西红柿	[tsen^{35}ɣo^{33}qo^{33}]	zend vob ghob	萝卜统称	[ɣo^{33}paŋ^{31}]	vob bangf
胡萝卜	[ɣo^{33}paŋ^{31}li^{13}]	vob bangf lis	黄瓜	[fa^{33}qɛ^{44}]	fab ghait
丝瓜无棱的	[fa^{33}sʰa^{33}]	fab hsab	南瓜扁圆形或梨形，成熟时赤褐色	[fa^{33}tiə^{11}]	fab diel
荸荠	[kʰo^{35}ɬɛ^{33}]	kod dlaib	红薯统称	[na^{55}ə^{33}/na^{55}tu^{11}]	nax eb/nax dul
马铃薯	[tsen^{35}ʑaŋ^{31}ʑu^{35}]	zend yangf yud	芋头	[tsen^{35}ɣo^{33}və^{13}ɕo^{53}]	zend vob wes xok
山药圆柱形的	[na^{55}ɣi^{44}]	nax vit	藕	[fʰi^{33}ə^{33}]	hfib eb
老虎	[ɕə^{35}]	xed	猴子	[lei^{33}]	leib
蛇	[naŋ^{33}]	nangb	老鼠家里的	[naŋ^{11}]	nangl
蝙蝠	[naŋ^{11}ku^{55}lu^{55}sei^{35}]	nangl gux lux seid	鸟儿飞鸟，统称	[nə^{13}]	nes
麻雀	[nə^{13}qo^{55}tsei^{11}]	nes ghox zeil	喜鹊	[kʰa^{53}lia^{55}]	kak liax
乌鸦	[a^{53}vo^{11}]	ak wol	鸽子	[tɛ^{11}qo^{33}]	dail ghob

续 表

词目	国际音标	苗文	词目	国际音标	苗文
翅膀鸟的，统称	[qa^{33}ta^{53}]	ghab dak	爪子鸟的，统称	[qa^{33}ken^{44}]	ghab gent
尾巴	[qa^{33}tɛ^{35}]	ghab daid	窝鸟的	[lɛ^{33}ɣi^{11}]	laib vil
虫子统称	[tɛ^{11}kaŋ^{33}]	dail gangb	蝴蝶统称	[kaŋ^{33}pa^{55}liə^{31}]	gangb bax lief
蜻蜓统称	[kaŋ^{33}ʑə^{11}]	gangb yel	蜜蜂	[kaŋ^{33}va^{33}]	gangb wab
蜂蜜	[taŋ^{31}kaŋ^{33}va^{33}]	dangf gangb wab	知了统称	[kaŋ^{33}sei^{35}ʑo^{11}]	gangb seid yol
蚂蚁	[kaŋ^{33}zo^{13}]	gangb nos	蚯蚓	[kaŋ^{33}tɕoŋ^{33}]	gangb jongb
蚕	[kaŋ^{33}a^{35}]	gangb ad	蜘蛛会结网的	[kaŋ^{33}ɣɛ^{13}]	gangb vais
蚊子统称	[kaŋ^{33}ʑu^{35}ta^{35}lo^{44}]	gangb yud dad lot	苍蝇统称	[kaŋ^{33}ʑu^{35}qa^{35}]	gangb yud ghad
跳蚤咬人的	[kaŋ^{33}m^{h}en^{33}]	gangb hmenb	虱子	[kaŋ^{33}tɛ^{35}]	gangb daid
鱼	[nɛ^{11}]	nail	鲤鱼	[nɛ^{11}li^{55}]	nail lix
鳙鱼胖头鱼	[nɛ^{11}ɬ^{h}iə^{33}q^{h}o^{33}/ nɛ^{11}ɬ^{h}iə^{33}f^{h}u^{35}]	nail hlieb khob/nail hlieb hfud	鲫鱼	[nɛ^{11}paŋ^{11}]	nail bangl
甲鱼	[tɛ^{11}liu^{53}]	dail liuk	鳞鱼的	[qa^{33}ɬo^{44}]	ghab dlot

续　表

词目	国际音标	苗文	词目	国际音标	苗文
虾统称	[kaŋ^{33}k^{h}oŋ^{33}]	gangb kongb	螃蟹统称	[kaŋ^{33}tio^{33}]	gangb diob
青蛙统称	[qaŋ^{35}tu^{55}no^{55}]	ghangd dux nox	癞蛤蟆表皮多疙瘩	[qaŋ^{35}pu^{53}tɕu^{53}/ qaŋ^{35}pu^{53}la^{13}]	ghangd buk juk/ ghangd buk las
马	[ma^{11}]	mal	驴	[lu^{55}]	lux
骡	[lei^{55}]	leix	牛	[lio^{35}]	liod
公牛统称	[pa^{35}lio^{35}]	bad liod	母牛统称	[mi^{31}lio^{35}]	mif liod
放牛	[ɕaŋ^{44}lio^{35}]	xangt liod	羊	[li^{35}]	lid
猪	[pa^{44}]	bat	种猪配种用的公猪	[pa^{44}n^{h}iu^{33}]	bat hniub
公猪成年的，已阉的	[pa^{35}pa^{44}]	bad bat	母猪成年的，未阉的	[mi^{31}pa^{44}]	mif bat
猪崽	[qa^{33}tɛ^{33}pa^{44}]	ghab daib bat	猪圈	[ŋə^{55}pa^{44}]	ngex bat
养猪	[ʑi^{13}pa^{44}]	yis bat	猫	[tɛ^{11}pɛ^{31}/tɛ^{11}mo^{33}]	dail baif/dail mob
公猫	[pa^{35}pɛ^{31}/pa^{35}mo^{33}]	bad baif/bad mob	母猫	[mi^{31}pɛ^{31}/mi^{31}mo^{33}]	mif baif/mif mob

续 表

词目	国际音标	苗文	词目	国际音标	苗文
狗统称	[ɬa^{35}]	dlad	公狗	[pa^{35}ɬa^{35}]	bad dlad
母狗	[mi^{31}ɬa^{35}]	mif dlad	叫狗～	[ɕi^{13}]	xis
兔子	[tɛ^{11}lo^{53}]	dail lok	鸡	[qa^{33}/qei^{33}]	ghab/gheib
公鸡成年的，未阉的	[pa^{35}qei^{33}]	bad gheib	母鸡已下过蛋的	[mi^{31}lu^{11}qei^{33}]	mif lul gheib
叫公鸡～（即打鸣儿）	[qa^{44}]	ghat	下鸡～蛋	[na^{13}]	nas
孵～小鸡	[pə^{13}]	bes	鸭	[ka^{13}]	gas
鹅	[tɛ^{11}ŋaŋ^{13}/tɛ^{11}qo^{11}]	dail ngangs/dail ghol	阉～公的猪	[s^{h}en^{44}]	hsent
阉～母的猪	[ɬ^{h}ei^{53}]	hleik	阉～鸡	[s^{h}en^{44}]	hsent
喂～猪	[ʑi^{13}]	yis	杀猪统称，注意婉称	[ti^{33}pa^{44}/ma^{31}pa^{44}/ta^{44}pa^{44}]	dib bat/maf bat/dat bat
杀～鱼	[ma^{31}]	maf	村庄一个～	[tiu^{33}ɣaŋ^{11}/faŋ^{33}ɣaŋ^{11}]	diub vangl/fangb vangl

续 表

词目	国际音标	苗文	词目	国际音标	苗文
胡同统称。一条～	[qa^{33}qoŋ^{13}ɣaŋ^{11}]	ghab ghongs vangl	街道	[tiu^{33}qɛ^{33}/tɕo^{55}qɛ^{33}]	diub ghaib/jox ghaib
盖房子	[tʰi^{35}tsɛ^{35}]	tid zaid	房子整座的，不包括院子	[lɛ^{33}tsɛ^{35}]	laib zaid
屋子房子里分隔而成，统称	[tɕʰoŋ^{35}tsɛ^{35}]	qongd zaid	卧室	[qa^{33}tɕʰu^{44}/qa^{33}tɕaŋ^{13}]	ghab qut/ghab jangs
茅屋茅草等盖的	[tsɛ^{35}qɛ^{33}]	zaid ghaib	厨房	[qa^{33}so^{44}/taŋ^{11}so^{44}]	ghab sot/dangl sot
灶统称	[qa^{33}so^{44}/qʰaŋ^{35}so^{44}]	ghab sot/khangd sot	锅统称	[vi^{11}]	wil
饭锅煮饭的	[vi^{11}ho^{44}ka^{35}]	wil hot gad	菜锅炒菜的	[vi^{11}ho^{44}ɣo^{33}]	wil hot vob
厕所旧式的，统称	[lo^{55}qa^{35}/tiu^{33}ti^{13}]	lox ghad/diub dis	檩左右方向的	[ɣaŋ^{55}tsɛ^{35}]	vangx zaid
柱子	[toŋ^{13}tsɛ^{35}]	dongs zaid	大门	[tiu^{55}ɬʰiə^{33}]	diux hlieb
门槛儿	[qa^{33}ɣaŋ^{55}tiu^{55}]	ghab vangx diux	窗旧式的	[qʰaŋ^{35}tsɛ^{35}/qʰaŋ^{35}ɬoŋ^{35}tsɛ^{35}]	khangd zaid/khangd dlongd zaid
梯子可移动的	[tɕo^{55}tiaŋ^{13}/tɕo^{55}tʰaŋ^{33}]	jox diangs/jox tangb	扫帚统称	[tiaŋ^{33}tiə^{33}/tiə^{33}tɕʰi^{33}ta^{33}]	diangb dieb/dieb qib dab

续 表

词目	国际音标	苗文	词目	国际音标	苗文
扫地	[tɕ^{h}i^{33}ta^{33}]	qib dab	垃圾	[qa^{33}s^{h}u^{33}s^{h}a^{33}]	ghab hsub hsab
家具统称	[to^{11}koŋ^{33}ki^{35}]	dol gongb gid	东西我的~	[to^{11}ki^{35}koŋ^{33}]	dol gid gongb
炕煨东西用的	[to^{11}tɕ^{h}u^{44}tio^{35}tu^{11}]	dol qut diod dul	床木制的，睡觉用	[saŋ^{55}tɕ^{h}u^{44}]	sangx qut
枕头	[f^{h}u^{35}tɕ^{h}u^{44}]	hfud qut	被子	[p^{h}aŋ^{33}poŋ^{53}]	pangb bongk
棉絮	[qa^{33}nə^{13}poŋ^{53}/ qa^{33}ŋɛ^{55}poŋ^{53}]	ghab nes bongk/ ghab ngaix bongk	床单	[qa^{33}lin^{44}pi^{33}]	ghab lint bib
褥子	[p^{h}aŋ^{33}poŋ^{53}tɕaŋ^{13} ta^{33}]	pangb bongk jangs dab	席子	[p^{h}aŋ^{33}tin^{11}]	pangb dinl
蚊帐	[lɛ^{33}ɕo^{44}]	laib xot	桌子统称	[tɕo^{55}ta^{55}]	jox dax
柜子统称	[lɛ^{33}ki^{44}u^{35}/ lɛ^{33}loŋ^{11}u^{35}]	laib git ud/laib longl ud	抽屉桌子的	[tɕo^{55}ta^{55}ts^{h}ə^{33}t^{h}i^{31}]	jox dax ceb tif
案子长条形的	[tɕo^{55}ta^{55}ta^{35}]	jox dax dad	椅子统称	[lɛ^{33}to^{31}q^{h}o^{33}ʑen^{11}]	laib dof khob yenl
凳子统称	[lɛ^{33}to^{31}]	laib dof	马桶有盖的	[lɛ^{33}tɕə^{13}ɕu^{44}qa^{35}]	laib jes xut ghad
菜刀	[tiu^{53}pen^{33}]	diuk benb	瓢舀水的	[lɛ^{33}ha^{33}]	laib hab

续 表

词目	国际音标	苗文	词目	国际音标	苗文
缸	[lɛ^{33}tʰə^{33}kaŋ^{33}/ lɛ^{33}tʰə^{33}tə^{33}]	laib teb gangb/laib teb deb	坛子装酒的；泡菜坛	[lɛ^{33}oŋ^{44}]	laib ongt
瓶子装酒～	[lɛ^{33}tʰo^{53}]	laib tok	盖子杯子的～	[qa^{33}pə^{55}mə^{13}]	ghab bex mes
碗统称	[lɛ^{33}ti^{44}]	laib dit	筷子	[niu^{31}tiu^{13}]	niuf dius
汤匙	[tio^{31}pʰə^{35}ə^{33}]	diof ped eb	柴火统称	[tu^{11}tio^{35}]	dul diod
火柴	[qa^{33}nʰiu^{33}tu^{11}]	ghab hniub dul	锁	[lɛ^{33}sʰu^{35}tiu^{55}]	laib hsud diux
钥匙	[tə^{44}tiu^{55}]	det diux	暖水瓶	[tʰo^{53}ə^{33}kʰi^{33}]	tok eb kib
脸盆	[kaŋ^{31}sa^{35}mɛ^{13}]	gangf sad mais	洗脸水	[ə^{33}sa^{35}mɛ^{13}]	eb sad mais
毛巾洗脸用	[tɕʰu^{33}sa^{35}mɛ^{13}]	qub sad mais	手绢	[tɕʰu^{33}ɕʰaŋ^{44}pi^{11}]	qub hxangt bil
肥皂洗衣服用	[tsen^{35}sʰo^{44}u^{35}]	zend hsot ud	梳子旧式的，非篦子	[lɛ^{33}ɣa^{13}]	laib vas
缝衣针	[tɕu^{33}pʰɛ^{33}u^{35}]	jub paib ud	剪子	[tiaŋ^{33}ken^{53}]	diangb genk
蜡烛	[qa^{33}tə^{44}tiaŋ^{55}]	ghab det diangx	手电筒	[sə^{55}tiə^{35}tʰoŋ^{31}/ sə^{55}tiə^{35}paŋ^{35}]	sex died tongf/sex died bangd

续 表

词目	国际音标	苗文	词目	国际音标	苗文
雨伞挡雨的，统称	[lɛ^{33}s^{h}aŋ^{44}]	laib hsangt	自行车	[tɕo^{55}tsɿ^{35}ɕin^{31}ts^{h}ei^{33}/ tɕo^{55}tɕo^{31}t^{h}a^{31}ts^{h}ei^{33}]	jox zid xinf ceib/jox jof taf ceib
衣服统称	[u^{35}]	ud	穿~衣服	[naŋ^{11}]	nangl
脱~衣服	[t^{h}a^{35}]	tad	系~鞋带	[tɕ^{h}u^{53}/q^{h}ei^{33}]	quk/kheib
衬衫	[u^{35}liaŋ^{55}]	ud liangx	背心带两条杠的，内衣	[u^{35}qo^{11}moŋ^{11}]	ud ghol mongl
毛衣	[u^{35}qa^{33}ɬiu^{33}]	ud ghab dliub	棉衣	[u^{35}poŋ^{53}]	ud bongk
袖子	[qa^{33}moŋ^{11}u^{35}]	ghab mongl ud	口袋衣服上的	[tɛ^{31}u^{35}]	daif ud
裤子	[lɛ^{33}q^{h}ə^{44}]	laib khet	短裤外穿的	[q^{h}ə^{44}lɛ^{35}/q^{h}ə^{44}qei^{53}]	khet laid/khet gheik
裤腿	[tioŋ^{55}q^{h}ə^{44}]	diongx khet	帽子统称	[lɛ^{33}mo^{13}]	laib mos
鞋子	[niu^{31}ha^{33}]	niuf hab	袜子	[niu^{31}t^{h}o^{44}]	niuf tot
围巾	[tɕ^{h}u^{33}qa^{33}qoŋ^{35}/ tɕ^{h}u^{33}q^{h}ɛ^{35}qoŋ^{35}]	qub ghab ghongd/ qub khaid ghongd	围裙	[tɕ^{h}u^{33}qa^{33}ti^{13}]	qub ghab dis

续 表

词目	国际音标	苗文	词目	国际音标	苗文
尿布	[tɕʰu^{33}ə^{33}va^{11}]	qub eb wal	扣子	[po^{35}u^{35}/po^{35}ni^{13}u^{35}]	bod ud/bod nis ud
扣~扣子	[sʰu^{35}]	hsud	戒指	[qa^{33}ta^{35}pi^{11}]	ghab dad bil
手镯	[tɕi^{11}ɬʰioŋ^{44}pi^{11}]	jil hliongt bil	理发	[tʰi^{44}qʰo^{33}]	tit khob
梳头	[ɕa^{53}qʰo^{33}]	xak khob	米饭	[ka^{35}na^{55}ɬu^{33}/ka^{35}kə^{53}]	gad nax dlub/gad gek
稀饭用米熬的，统称	[ka^{35}ɬʰi^{53}]	gad hlik	面粉麦子磨的，统称	[qa^{33}pen^{44}]	ghab bent
面条统称	[qa^{33}tɕo^{55}mie^{13}]	ghab jox miees	面儿玉米~，辣椒~	[qa^{33}pen^{44}]	ghab bent
馒头无馅的，统称	[tɕə^{35}ka^{35}maŋ^{11}]	jed gad mangl	包子	[tɕə^{35}ka^{35}maŋ^{11}qʰɛ^{35} ŋa^{55}]	jed gad mangl khaid ngax
饺子	[tɕau^{53}tsɿ^{55}]	jaok zix	馄饨	[kʰun^{31}tʰun^{33}]	kunf tunb
馅儿	[qʰɛ^{35}tɕə^{35}paŋ^{31}ɕaŋ^{33} lio^{35}]	khaid jed bangf xangb liod	油条长条形的，旧称	[ʑu^{31}tʰiau^{31}]	yuf tiaof
豆浆	[ə^{33}tə^{31}hə^{44}/ə^{33}tə^{31}]	eb def het/eb def	豆腐脑	[qa^{33}ɬʰɛ^{33}tə^{31}hə^{44}]	ghab hlaib def het

续 表

词目	国际音标	苗文	词目	国际音标	苗文
元宵食品	[qa^{33}po^{35}sʰɛ^{35}nə^{31}]	ghab bod hsaid nef	粽子	[tɕə^{35}ki^{33}]	jed gib
年糕用黏性大的米或米粉做的	[tɕə^{35}ka^{35}nə^{31}]	jed gad nef	点心统称	[tɕʰə^{44}lo^{44}paŋ^{31}naŋ^{55} hə^{53}]	qet lot bangf nangx hek
菜下饭的，统称	[ɣo^{33}]	vob	干菜统称	[ɣo^{33}ŋa^{13}]	vob ngas
豆腐	[tə^{31}hə^{44}]	def het	猪血当菜的	[ɕʰaŋ^{35}pa^{44}/po^{55}li^{55}pa^{44}]	hxangd bat/box lix bat 红浮萍引喻为“血”
猪蹄当菜的	[tɕʰin^{44}pa^{44}]	qint bat	猪舌头当菜的	[qa^{33}ni^{31}pa^{44}]	ghab nif bat
猪肝当菜的	[ɬʰu^{35}zɛ^{13}/sʰoŋ^{33}zɛ^{13}]	hfud nais/hsongb nais	下水猪牛羊的内脏	[qa^{35}vaŋ^{11}tiu^{55}niaŋ^{13}]	ghad wangl diux niangs
鸡蛋	[ki^{44}qei^{33}]	git gheib	松花蛋	[ki^{44}ɬʰo^{35}ə^{33}]	git hlod eb
猪油	[tiaŋ^{55}pa^{44}]	diangx bat	香油	[tiaŋ^{55}ʑu^{55}mi^{55}]	diangx yux mix
酱油	[tɕaŋ^{35}ʑu^{31}]	jangd yuf	盐名词	[ɕi^{35}]	xid
醋	[ə^{33}tsʰu^{44}]	eb cut	香烟	[ʑen^{33}qa^{33}lɛ^{11}]	yenb ghab lail

续 表

词目	国际音标	苗文	词目	国际音标	苗文
旱烟	[ʑen^{33}qa^{35}liu^{11}]	yenb ghad liul	白酒	[tɕu^{35}za^{31}/tɕu^{35}i^{33}]	jud naf/jud ib
黄酒	[tɕu^{35}qa^{33}pɛ^{13}]	jud ghab bais	江米酒酒酿，醪糟	[qa^{33}pɛ^{13}tɕu^{35}qaŋ^{33} naŋ^{55}]	ghab bais jud ghangb nangx
茶叶	[qa^{33}nə^{55}tɕen^{11}]	ghab nex jenl	沏～茶	[t^{h}o^{33}]	tob
冰棍儿	[pin^{33}paŋ^{35}]	binb bangd	做饭统称	[hu^{44}ka^{35}/ho^{44}ka^{35}]	hut gad/hot gad
炒菜统称，和做饭相对	[ka^{33}ɣo^{33}]	gab vob	煮～带壳的鸡蛋	[ho^{44}]	hot
煎～鸡蛋	[ɬen^{35}]	dlend	炸～油条	[tsa^{31}]	zaf
蒸～鱼	[tɕi^{33}]	jib	揉～面做馒头	[maŋ^{53}]	mangk
擀～面，～皮儿	[f^{h}a^{33}]	hfab	吃早饭	[naŋ^{55}ka^{35}so^{35}/ naŋ^{55}ka^{35}ta^{44}]	nangx gad sod/ nangx gad dat
吃午饭	[naŋ^{55}ka^{35}n^{h}ɛ^{33}]	nangx gad hnaib	吃晚饭	[naŋ^{55}ka^{35}m^{h}aŋ^{44}]	nangx gad hmangt
吃～饭	[naŋ^{55}]	nangx	喝～酒	[hə^{53}]	hek

续　表

词目	国际音标	苗文	词目	国际音标	苗文
喝～茶	[hə^{53}]	hek	抽～烟	[hə^{53}]	hek
盛～饭	[hei^{53}]	heik	夹用筷子～菜	[qei^{53}]	gheik
斟～酒	[tsa^{44}]	zat	渴口～	[ŋɛ^{13}qoŋ^{35}]	ngais ghongd
饿肚子～	[ɕi^{44}ɕen^{13}]	xit xens	噎吃饭～着了	[tin^{44}qoŋ^{35}]	dint ghongd
头人的，统称	[nɛ^{55}q^{h}o^{33}/nɛ^{55}f̥^{h}u^{35}]	naix khob/naix hfud	头发	[qa^{33}ɬiu^{33}q^{h}o^{33}/ qa^{33}ɬiu^{33}f̥^{h}u^{35}]	ghab dliub khob/ ghab dliub hfud
辫子	[qa^{33}tɛ^{35}mi^{11}]	ghab daid mil	旋头顶的	[va^{13}tia^{13}/va^{13}vi^{53}]	was dias /was wik
额头	[ɣaŋ^{55}q^{h}o^{33}]	vangx khob	相貌	[qa^{33}ɣaŋ^{55}mɛ^{13}/ qa^{33}zɛ^{55}mɛ^{13}]	ghab vangx mais / ghab naix mais
脸洗～	[maŋ^{11}mɛ^{13}]	mangl mais	眼睛	[n^{h}iu^{33}mɛ^{13}]	hniub mais
眼珠统称	[n^{h}iu^{33}mɛ^{13}]	hniub mais	眼泪哭的时候流出来的	[ə^{33}mɛ^{13}]	eb mais
眉毛	[kaŋ^{33}nə^{35}mɛ^{13}]	gangb ned mais	耳朵	[qa^{33}zɛ^{55}]	ghab naix

续 表

词目	国际音标	苗文	词目	国际音标	苗文
鼻子	[po^{35}zɛ^{13}]	bod nais	鼻涕统称	[qa^{35}zɛ^{13}]	ghad nais
擤~鼻涕	[ɬ^{h}in^{44}]	hlint	嘴巴人的，统称	[lɛ^{33}lo^{44}]	laib lot
嘴唇	[qa^{33}pu^{44}lo^{44}]	ghab but lot	口水~流出来	[ə^{33}niu^{55}]	eb niux
舌头	[qa^{33}ni^{31}/qa^{33}nia^{31}]	ghab nif/ghab niaf	牙齿	[lɛ^{33}m^{h}i^{35}]	laib hmid
下巴	[qaŋ^{33}qaŋ^{55}]	ghangb ghangx	胡子嘴周围的	[qa^{33}ɕ^{h}aŋ^{44}niaŋ^{13}]	ghab hxangt niangs
脖子	[qa^{33}qoŋ^{35}]	ghab ghongd	喉咙	[tiu^{55}qoŋ^{35}]	diux ghongd
肩膀	[qa^{33}ɬaŋ^{33}]	ghab dlangb	胳膊	[qa^{33}ɕ^{h}en^{33}]	ghab hxenb
手是否包括臂	[pi^{11}]	bil	左手	[tɕi^{11}tɕaŋ^{11}/tɕi^{11}tɕa^{31}]	jil jangl/jil jaf
右手	[tɕi^{11}tei^{55}]	jil deix	拳头	[po^{35}liu^{11}]	bod liul
手指	[qa^{33}ta^{35}pi^{11}]	ghab dad bil	大拇指	[mi^{31}pi^{11}]	mif bil
食指	[ta^{35}pi^{11}]	dad bil	中指	[toŋ^{44}pi^{11}]	dongt bil
无名指	[tsu^{53}pi^{11}]	zuk bil	小拇指	[li^{33}pi^{11}]	lib bil

续 表

词目	国际音标	苗文	词目	国际音标	苗文
指甲	[ken^{44}pi^{11}]	gent bil	腿	[tɕi^{11}ŋaŋ^{11}/ tɕi^{11}qa^{33}pa^{33}ŋaŋ^{11}]	jil ngangl/jil ghab bab ngangl
脚是否包括大、小腿	[tɕi^{11}lɛ^{33}]	jil laib	膝盖指部位	[po^{35}qo^{31}tɕu^{13}]	bod ghof jus
背名词	[qa^{33}ku^{31}]	ghab guf	肚子腹部	[pu^{55}tu^{55}/qa^{33}tɕ^{h}u^{33}]	bux dux/ghab qub
肚脐	[pu^{31}tu^{31}/vi^{53}tɕ^{h}u^{33}]	buf duf/wik qub	乳房女性的	[tɕi^{11}və^{11}]	jil wel
屁股	[haŋ^{35}qa^{35}/ po^{35}haŋ^{13}qa^{13}]	hangd ghad/bod hangs ghas	肛门	[q^{h}aŋ^{35}ɕu^{35}qa^{35}]	khangd xud ghad
阴茎成人的	[lɛ^{33}ko^{44}]	laib got	女阴成人的	[lɛ^{33}f^{h}a^{53}]	laib hfak
肏动词	[ɕu^{33}]	xub	精液	[ə^{33}qa^{35}]	eb ghad
来月经注意婉称	[ɛ^{44}qa^{33}tɕi^{35}/s^{h}o^{44}u^{35}]	ait ghab jid/hsot ud 洗衣，婉称	拉屎	[ɕu^{35}qa^{35}]	xud ghad
撒尿	[ɕu^{35}va^{11}]	xud wal	放屁	[ts^{h}aŋ^{44}qa^{35}]	cangt ghad
相当于骂人的口头禅	[nin^{55}ma^{13}lɛ^{33}koŋ^{13}]	ninx mas laib gongs	病了	[moŋ^{33}ʑaŋ^{55}]	mongb yangx

续 表

词目	国际音标	苗文	词目	国际音标	苗文
着凉	[ku^{13}sei^{11}]	gus seil	咳嗽	[ŋo^{11}x^{h}u^{53}]	ngol hvuk
发烧	[fa^{31}k^{h}i^{33}/ku^{13}k^{h}i^{33}]	faf kib/gus kib	发抖	[fa^{31}k^{h}i^{33}tɕ^{h}i^{33}]	faf kib qib
肚子疼	[moŋ^{33}qa^{33}tɕ^{h}u^{33}]	mongb ghab qub	拉肚子	[moŋ^{33}ku^{55}]	mongb gux
患疟疾	[moŋ^{33}k^{h}i^{33}sei^{11}/ ku^{13}k^{h}i^{33}sei^{11}]	mongb kib seil/gus kib seil	中暑	[ku^{13}k^{h}i^{33}niu^{33}na^{33}]	gus kib niub nab
肿	[p^{h}o^{33}]	pob	化脓	[ɕ^{h}aŋ^{35}pu^{13}]	hxangd bus
疤好了的	[qa^{33}s^{h}aŋ^{33}]	ghab hsangb	癣	[tɕaŋ^{55}kaŋ^{33}ɣa^{13}]	jangx gangb vas
痣凸起的	[kaŋ^{33}ɕaŋ^{53}]	gangb xangk	疙瘩蚊子咬后形成的	[qa^{33}po^{33}/po^{33}to^{31}]	ghab bob/bob dof
狐臭	[haŋ^{44}ʑə^{53}]	hangt yek	看病	[ɕ^{h}i^{35}ɕaŋ^{13}/ŋi^{44}ɕaŋ^{13}]	hxid xangs/ngit xangs
诊脉	[s^{h}en^{53}ɕ^{h}i^{35}]	hsenk hxid	针灸	[paŋ^{44}tɕu^{33}]	bangt jub
打针	[ti^{33}tɕu^{33}/ts^{h}o^{44}tɕu^{33}]	dib jub/cot jub	打吊针	[ti^{33}tɕu^{33}fi^{55}]	dib jub fix
吃药统称	[hə^{53}tɕa^{33}/naŋ^{55}tɕa^{33}]	hek jab/nangx jab	汤药	[ə^{33}tsa^{13}tɕa^{33}]	eb zas jab

续 表

词目	国际音标	苗文	词目	国际音标	苗文
病轻了	[moŋ^{33}fʰa^{33}ʑaŋ^{55}]	mongb hfab yangx	说媒	[na^{13}xʰə^{33}qʰa^{44}]	nas hveb khat
媒人	[tɛ^{11}nɛ^{55}na^{13}qʰa^{44}]	dail naix nas khat	相亲	[tɕa^{13}zɛ^{53}tɕa^{13}mɛ^{13}/ tei^{35}ɕaŋ^{35}]	jas naik jas mais/ deid xangd
订婚	[tso^{35}niaŋ^{33}]	zod niangb	嫁妆	[ə^{33}ni^{55}u^{35}tɕʰu^{33}]	eb nix ud qub
结婚统称	[ʑaŋ^{11}niaŋ^{33}/ʑaŋ^{11} niaŋ^{33}ʑaŋ^{11}tɕi^{35}/ saŋ^{44}poŋ^{11}]	yangl niangb/yangl niangb yangl jid/ sangt bongl	娶妻子	[ʑaŋ^{11}niaŋ^{33}]	yangl niangb
出嫁女子～	[moŋ^{11}qʰa^{44}]	mongl khat	拜堂	[po^{35}qa^{33}sʰen^{33}pu^{55} nioŋ^{13}/po^{35}qa^{33}qo^{33} nə^{33}]	bod ghab hsenb bux niongs/bod ghab ghob neb
新郎	[pa^{35}nio^{13}xʰi^{33}]	bad nios hvib	新娘子	[tɛ^{11}niaŋ^{33}xʰi^{33}]	dail niangb hvib
孕妇	[tɕaŋ^{55}zɛ^{55}lu^{11}/ʑi^{13} ɣaŋ^{44}/ɬʰiə^{11}tɕʰu^{33}]	jangx naix lul/yis vangt/hliel qub	怀孕	[sʰa^{35}tɛ^{33}/ʑi^{13}ɣaŋ^{44}]	hsad daib/yis vangt
害喜妊娠反应	[pɛ^{35}nʰiu^{33}tsen^{55} tsen^{35}/tʰia^{53}nia^{53}ʑi^{13} ɣaŋ^{44}]	baid hniub zenx zend/tiak niak yis vangt	分娩	[ɕʰen^{44}tɛ^{33}ʑi^{13}ɣaŋ^{44}/ tʰa^{35}tɕu^{33}tɛ^{33}]	hxent daib yis vangt/tad jub daib

续 表

词目	国际音标	苗文	词目	国际音标	苗文
流产	[pa^{11}nia^{53}]	bal niak	双胞胎	[tɛ^{33}qa^{35}pi^{33}/ tɛ^{33}qa^{33}poŋ^{11}]	daib ghad bib/daib ghab bongl
坐月子	[niaŋ^{33}qa^{33}ɬ^{h}a^{44}/ tɕen^{31}qa^{33}ɬ^{h}a^{44}]	niangb ghab hlat/ jenf ghab hlat	吃奶	[hə^{53}və^{11}]	hek wel
断奶	[tɕen^{31}və^{11}/x^{h}a^{53}və^{11}]	jenf wel/hvak wel	满月	[pɛ^{35}ɬ^{h}a^{44}]	baid hlat
生日$_{统称}$	[n^{h}ɛ^{33}tiaŋ^{11}taŋ^{44}/ qa^{33}n^{h}ɛ^{33}tiaŋ^{11}taŋ^{33}]	hnaib diangl dangt/ ghab hnaib diangl dangb	做寿	[t^{h}ei^{33}ɕi^{55}no^{11}zaŋ^{13}]	teib xix nol nangs
死$_{统称}$	[ta^{13}]	das	死$_{婉称}$	[lu^{11}/lu^{11}moŋ^{11}]	lul/lul mongl
自杀	[noŋ^{31}ma^{31}noŋ^{31}/ noŋ^{31}sɛ^{11}noŋ^{31}]	nongf maf nongf/ nongf sail nongf	咽气	[liaŋ^{11}poŋ^{44}]	liangl bongt
入殓	[la^{13}tɕi^{33}]	las jib	棺材	[nɛ^{33}ɬ^{h}a^{33}/tə^{44}lu^{11}/ tsɛ^{35}lu^{11}]	naib hlab/det lul/ zaid lul
出殡	[qaŋ^{44}tɕi^{33}ɣu^{35}]	ghangt jib vud	灵位	[liu^{11}p^{h}a^{33}]	liul pab

续 表

词目	国际音标	苗文	词目	国际音标	苗文
坟墓单个的，老人的	[paŋ^{55}liaŋ^{55}]	bangx liangx	上坟	[po^{33}ta^{33}]	bob dab
纸钱	[tu^{35}so^{13}/ tu^{35}ni^{55}tu^{35}tɕen^{33}]	dud sos/dud nix dud jenb	老天爷	[qə^{44}faŋ^{33}vɛ^{55}]	ghet fangb waix
菩萨统称	[pa^{35}ɣi^{33}]	bad vib	观音	[maŋ^{13}vɛ^{55}]	mangs waix
灶神	[tɛ^{11}ɬiaŋ^{33}ta^{33}qʰaŋ^{35} so^{44}]	dail dliangb dab khangd sot	寺庙	[tsɛ^{35}zo^{13}]	zaid nos
祠堂	[tsɛ^{35}qa^{33}sʰen^{33}poŋ^{55} nioŋ^{13}]	zaid ghab hsenb bongx niongs	和尚	[tɛ^{11}qə^{44}ɬiaŋ^{44}qʰo^{33}/ tɛ^{11}nɛ^{55}ɣə^{35}zo^{13}]	dail ghet dliangt khob/ dail naix ved nos
尼姑	[tɛ^{11}vu^{53}ɣə^{35}zo^{13}]	dail wuk ved nos	道士	[tɛ^{11}qə^{44}ɣə^{35}zo^{13}]	dail ghet ved nos
算命统称	[sʰen^{44}zaŋ^{13}]	hsent nangs	运气	[qa^{33}ɕʰi^{33}qa^{33}zaŋ^{13}]	ghab hxib ghab nangs
保佑	[fʰu^{44}/fʰu^{44}tɛ^{33}fʰu^{44} ɣaŋ^{44}]	hfut/hfut daib hfut vangt	人一个～	[nɛ^{55}/tɛ^{11}nɛ^{55}]	naix/dail naix
男人成年的，统称	[tɛ^{11}ʑu^{13}]	dail yus	女人三四十岁已婚的，统称	[tɛ^{11}vi^{35}]	dail wid

续 表

词目	国际音标	苗文	词目	国际音标	苗文
单身汉	[tε^{11}ʑu^{13}ɬaŋ^{44}o^{44}]	dail yus dlangt ot	老姑娘	[tε^{11}vi^{35}ɬaŋ^{44}/ tε^{11}tε^{33}p^{h}i^{53}ɬaŋ^{44}o^{44}/ tε^{11}vi^{35}ɬaŋ^{44}o^{44}]	dail wid dlangt/dail daib pik dlangt ot/ dail wid dlangt ot
婴儿	[nia^{53}qa^{35}]	niak ghad	小孩三四岁的，统称	[tε^{11}tɕu^{33}tε^{33}/qa^{33}tε^{33}]	dail jub daib/ghab daib
男孩统称	[tε^{33}tie^{11}/tε^{33}tɕaŋ^{13}]	daib dieel/daib jangs	女孩统称	[tε^{11}tε^{33}a^{35}/tε^{11}tε^{33} ki^{31}/tε^{11}tε^{33}p^{h}i^{53}]	dail daib ad/dail daib gif/dail daib pik
老人七八十岁的，统称	[nε^{33}lu^{11}]	naib lul	亲戚统称	[tε^{11}q^{h}a^{44}/ɕ^{h}u^{33}q^{h}a^{44}]	dail khat/hxub khat
朋友统称	[qa^{33}pu^{11}]	ghab bul	邻居统称	[tε^{11}qa^{33}pu^{44}tiu^{55}/ qa^{33}pu^{44}tsε^{35}]	dail ghab but diux/ ghab but zaid
客人	[tε^{11}ɕ^{h}u^{33}/tε^{11}q^{h}a^{44}]	dail hxub/dail khat	农民	[tε^{11}nε^{55}ε^{44}li^{55}ε^{44}la^{13}]	dail naix ait lix ait las
商人	[tε^{11}nε^{55}ε^{44}tsaŋ^{44}]	dail naix ait zangt	手艺人统称	[tε^{11}nε^{55}su^{55}lo^{33}su^{55} pi^{11}]	dail naix sux lob sux bil

续 表

词目	国际音标	苗文	词目	国际音标	苗文
泥水匠	[tʰi^{35}tsɛ^{35}ɕen^{33}qə^{44} ɕaŋ^{13}/qə^{44}ɕaŋ^{13}tʰi^{35} tsɛ^{35}ɕen^{33}/qə^{44}ɕaŋ^{13}tʰi^{35}tsɛ^{35}ɣi^{44}]	tid zaid xenb ghet xangs/ghet xangs tid zaid xenb/ghet xangs tid zaid vit	木匠	[ɕaŋ^{13}tə^{44}]	xangs det
裁缝	[ɕaŋ^{13}ɣaŋ^{55}u^{35}/ ɕaŋ^{13}ken^{53}u^{35}/ ɕaŋ^{13}pʰɛ^{33}u^{35}]	xangs vangx ud/ xangs genk ud/ xangs paib ud	理发师	[ɕaŋ^{13}tʰi^{44}qʰo^{33}]	xangs tit khob
厨师	[ɕaŋ^{13}ho^{44}ɣo^{33}ho^{44} ka^{35}]	xiangs hot vob hot gad	师傅	[qə^{44}ɕaŋ^{13}]	ghet xangs
徒弟	[qa^{33}lɛ^{33}pi^{11}]	ghab laib bil	乞丐$_{统称，非贬称}$	[tɛ^{11}liaŋ^{11}naŋ^{11}/ tɛ^{11}nia^{35}ɬa^{53}ka^{35}]	dail liangl nangl/ dail niad dlak gad
妓女	[tɛ^{11}vi^{35}mɛ^{11}qa^{33}tɕi^{35}]	dail wid mail ghab jid	流氓	[nɛ^{55}qa^{33}ɬia^{55}/ tɛ^{11}qa^{33}ɬia^{55}nɛ^{55}]	naix ghab dliax/dail ghab dliax naix
贼	[tɛ^{11}niaŋ^{13}]	dail niangs	瞎子$_{统称，非贬称}$	[tɛ^{11}ɬiu^{11}]	dail dliul
聋子$_{统称，非贬称}$	[tɛ^{11}ɬoŋ^{55}]	dail dlongx	哑巴$_{统称，非贬称}$	[tɛ^{11}nia^{35}]	dail niad

续 表

词目	国际音标	苗文	词目	国际音标	苗文
驼子统称，非贬称	[tɛ^{11}po^{44}ɬaŋ^{33}]	dail bot dlangb	癞子统称，非贬称	[tɛ^{11}lia^{55}]	dail liax
疯子统称，非贬称	[tɛ^{11}tsen^{33}toŋ^{33}]	dail zenb dongb	傻子统称，非贬称	[tɛ^{11}nia^{35}]	dail niad
笨蛋蠢的人	[tɛ^{11}ɬoŋ^{11}/tɛ^{11}tio^{35}o^{35}]	dail dlongl/dail diod od	爷爷	[tɛ^{11}qə^{44}]	dail ghet
奶奶	[tɛ^{11}vu^{53}]	dail wuk	外祖父叙称	[qə^{44}q^{h}a^{44}]	ghet khat
外祖母叙称	[vu^{53}q^{h}a^{44}]	wuk khat	父母合称	[tɛ^{11}pa^{35}tɛ^{11}maŋ^{13}]	dail bad dail mangs
父亲叙称	[pa^{35}]	bad	母亲叙称	[maŋ^{13}]	mangs
爸爸呼称，最通用的	[pa^{35}]	bad	妈妈呼称，最通用的	[maŋ^{13}]	mangs
继父叙称	[pa^{35}niu^{11}]	bad niul	继母叙称	[maŋ^{13}niu^{11}]	mangs niul
岳父叙称	[kə^{44}q^{h}a^{44}]	get khat	岳母叙称	[vu^{53}q^{h}a^{44}]	wuk khat
公公叙称	[qə^{44}]	ghet	婆婆叙称	[vu^{53}]	wuk
伯父呼称，统称	[pa^{35}lu^{11}/pa^{35}ɬ^{h}iə^{33}]	bad lul/bad hlieb	伯母呼称，统称	[maŋ^{13}lu^{11}/maŋ^{13}ɬ^{h}iə^{33}]	mangs lul/mangs hlieb

续 表

词目	国际音标	苗文	词目	国际音标	苗文
叔父呼称，统称	[pa^{35}ʐu^{44}/pa^{35}u^{44}]	bad yut/bad ut	排行最小的叔父呼称，如“幺叔”	[pa^{35}ʐu^{44}qaŋ^{33}ɣi^{11}]	bad yut ghangb vil
叔母呼称，统称	[maŋ^{13}ʐu^{44}]	mangs yut	姑统称，呼称（无统称则记分称：比父大，比父小，已婚，未婚）	[vu^{53}tei^{53}]	wuk deik
姑父呼称，统称	[tɛ^{33}ʐu^{13}]	daib yus	舅舅呼称，统称	[tɛ^{33}nen^{11}/qə^{44}nen^{11}]	daib nenl/ghet nenl
舅妈呼称	[vu^{53}nen^{11}/to^{35}mu^{13}]	wuk nenl/dod mus	姨统称，呼称（无统称则记分称：比母大，比母小，已婚，未婚）	[maŋ^{13}ʐu^{44}/maŋ^{13}nin^{11}]	mangs yut/mangs ninl
姨父呼称，统称	[pa^{35}nin^{11}]	bad ninl	弟兄合称	[tɕi^{35}ta^{55}/pə^{35}u^{44}]	jid dax/bed ut
姊妹合称，注明是否可包括男性	[tɕi^{35}a^{35}]	jid ad	哥哥呼称，统称	[pə^{35}]	bed
嫂子呼称，统称	[niaŋ^{33}]	niangb	弟弟叙称	[u^{44}]	ut

续 表

词目	国际音标	苗文	词目	国际音标	苗文
弟媳 叙称	[u^{44}niaŋ^{33}]	ut niangb	姐姐 呼称，统称	[a^{35}/a^{35}ɬʰiə^{33}]	ad/ad hlieb
姐夫 呼称	[pə^{35}qʰa^{44}]	bed khat	妹妹 叙称	[a^{35}ʑu^{44}]	ad yut
妹夫 呼称	[u^{44}qʰa^{44}]	ut khat	堂兄弟 呼称，统称	[tɕi^{35}ta^{55}pa^{35}lu^{11}pa^{35} ʑu^{44}]	jid dax bad lul bad yut
表兄弟 呼称，统称	[pə^{35}u^{44}qʰa^{44}]	bed ut khat	妯娌	[tɕi^{35}a^{35}tiu^{33}tsɛ^{35}/ tɕi^{35}a^{35}ki^{35}niaŋ^{13}]	jid ad diub zaid/jid ad gid niangs
连襟 叙称	[pə^{35}ʑi^{11}ʑu^{13}]	bed yil yus	儿子 呼称	[tɛ^{11}tɛ^{33}]	dail daib
儿媳妇 呼称	[tɛ^{33}niaŋ^{33}]	daib niangb	女儿 呼称	[tɛ^{11}tɛ^{33}a^{35}/ tɛ^{11}tɛ^{33}ki^{11}]	dail daib ad/dail daib gil
女婿 呼称	[tɛ^{11}tɛ^{33}qʰa^{44}]	dail daib khat	孙子 儿子之子	[tɛ^{11}ɬʰaŋ^{33}]	dail hlangb
重孙子 儿子之孙	[tɛ^{11}ɬʰaŋ^{33}]	dail hlangb	侄子 弟兄之子	[tɛ^{11}tɛ^{33}pa^{35}lu^{11}pa^{35} ʑu^{44}]	dail daib bad lul bad yut
外甥 姐妹之子	[tɛ^{11}tɛ^{33}qʰa^{44}]	dail daib khat	外孙 女儿之子	[tɛ^{33}ɬʰaŋ^{33}qʰa^{44}]	daib hlangb khat

续 表

词目	国际音标	苗文	词目	国际音标	苗文
夫妻$_{\text{合称}}$	[tɛ^{11}maŋ^{13}pa^{35}]	dail mangs bad	丈夫$_{\text{叙称，最通用的，非贬称}}$	[tɛ^{11}pa^{35}]	dail bad
妻子$_{\text{叙称，最通用的，非贬称}}$	[tɛ^{11}maŋ^{13}/tɛ^{11}fʰu^{33} liə^{55}qa^{33}mɛ^{13}]	dail mangs/dail fhub liex ghab mais	名字	[zaŋ^{55}pi^{44}]	nangx bit
绰号	[zaŋ^{55}pi^{44}ki^{35}ku^{55}]	nangx bit gid gux	干活儿$_{\text{统称}}$	[ɛ^{44}qə^{33}/ɛ^{44}qə^{33}ki^{35}]	ait gheb/ait gheb gid
事情$_{\text{一件～}}$	[to^{11}qə^{33}ki^{35}]	dol gheb gid	插秧	[tɕaŋ^{13}li^{55}]	jangs lix
割稻	[ɬʰei^{53}na^{55}]	hleik nax	种菜	[tɕen^{11}ɣo^{33}]	jenl vob
犁$_{\text{名词}}$	[tiaŋ^{33}kʰa^{33}]	diangb kab	锄头	[tiaŋ^{33}sʰo^{35}]	diangb hsod
镰刀	[tiaŋ^{33}qɛ^{33}lin^{55}]	diangb ghaib linx	把儿$_{\text{刀～}}$	[tiaŋ^{33}tɕi^{35}tsa^{55}tɕi^{35} sʰo^{35}]	diangb jid zax jid hsod
扁担	[tiaŋ^{33}qen^{55}/ tiaŋ^{33}qaŋ^{55}]	diangb ghenx/ diangb ghangx	箩筐	[niu^{31}ɬa^{53}]	niuf dlak
筛子$_{\text{统称}}$	[lɛ^{33}vaŋ^{33}ɕʰa^{33}]	laib wangb hxab	簸箕$_{\text{农具，有梁的}}$	[lɛ^{33}vaŋ^{33}]	laib wangb

续 表

词目	国际音标	苗文	词目	国际音标	苗文
簸箕 簸米用的	[lɛ^{33}vaŋ^{33}tsʰə^{35}sʰɛ^{35}]	laib wangb ced hsaid	独轮车	[lɛ^{33}tsʰe^{33}tɕu^{13}lɛ^{33} lio^{11}]	laib ceeb jus laib liol
轮子 旧式的，如独轮车上的	[lɛ^{33}lio^{11}]	laib liol	碓 整体	[lɛ^{33}tɕə^{11}to^{35}sʰɛ^{35}]	laib jel dod hsaid
臼	[lɛ^{33}ɣi^{33}tɕə^{11}]	laib vib jel	磨 名词	[lɛ^{33}ɣi^{33}mu^{13}]	laib vib mus
年成	[paŋ^{55}ɣo^{33}paŋ^{55}ka^{35}]	bangx vob bangx gad	走江湖 统称	[haŋ^{33}ki^{35}to^{11}]	hangb gid dol
打工	[tɛ^{11}nɛ^{55}ta^{35}qə^{44}]	dail naix dad ghet	斧子	[tiaŋ^{33}to^{44}]	diangb dot
钳子	[tiaŋ^{33}qei^{53}ɬʰə^{44}]	diangb gheik hlet	螺丝刀	[tiaŋ^{33}tiu^{53}lo^{31}sɿ^{55}]	diangb diuk lof six
锤子	[lɛ^{33}qɛ^{44}ɬʰə^{44}]	laib ghait hlet	钉子	[lɛ^{33}ɕaŋ^{44}/ lɛ^{33}ɕaŋ^{44}ɬʰə^{44}]	laib xangt/laib xangt hlet
绳子	[tɕo^{55}ɬʰa^{44}]	jox hlat	棍子	[tiaŋ^{33}tə^{44}]	diangb det
做买卖	[ɛ^{44}tsaŋ^{44}]	ait zangt	商店	[lɛ^{33}tsɛ^{35}mɛ^{11}hu^{44}]	laib zaid mail hut
饭馆	[lɛ^{33}tsɛ^{35}mɛ^{11}ka^{35}]	laib zaid mail gad	旅馆 旧称	[lɛ^{33}tsɛ^{35}pi^{44}tin^{44}]	laib zaid bit dint

续　表

词目	国际音标	苗文	词目	国际音标	苗文
贵	[n^{h}ioŋ^{35}qa^{44}]	hniongd ghat	便宜	[f^{h}a^{33}qa^{44}]	hfab ghat
合算	[hu^{11}qa^{44}]	hul ghat	折扣	[ma^{31}qa^{44}/ʑa^{31}qa^{44}]	maf ghat/yaf ghat
亏本	[ku^{13}qa^{44}/ku^{13}nin^{31}/ ku^{13}pen^{35}]	gus ghat/gus ninf/ gus bend	钱统称	[pi^{55}sei^{55}/ni^{55}]	bix seix/nix
零钱	[ni^{55}qa^{33}ku^{31}]	nix ghab guf	硬币	[toŋ^{31}ni^{55}qa^{33}fen^{33}/ toŋ^{31}ho^{31}]	dongf nix ghab fenb/dongf hof
本钱	[ni^{55}qa^{33}pen^{35}]	nix ghab bend	工钱	[ni^{55}qab^{35}qə^{44}]	nix ghab ghet
路费	[ni^{55}haŋ^{33}ki^{35}]	nix hangb gid	花～钱	[ɕ^{h}a^{35}]	hxad
赚卖一斤能～一毛钱	[ʑen^{31}]	yenf	挣打工～了钱	[x^{h}o^{33} (ni^{55})]	hvob (nix)
欠～他十块钱	[ts^{h}a^{33}]	cab	算盘	[qa^{33}po^{35}tə^{44}/ s^{h}en^{44}x^{h}aŋ^{33}]	ghab bod det/hsent hvangb
秤统称	[ɬio^{53}]	dliok	称用秤～	[ɬio^{53}]	dliok
赶集	[x^{h}a^{35}ɕaŋ^{55}]	hvad xangx	集市	[tiu^{33}ɕaŋ^{55}]	diub xangx

续 表

词目	国际音标	苗文	词目	国际音标	苗文
庙会	[ʑə^{55}ɣaŋ^{55}/ʑə^{55}mo^{11}/ ʑə^{55}niaŋ^{55}]	yex vangx/yex mol/ yex niangx	学校	[tsɛ^{35}tɕ^{h}ə^{33}lei^{55}]	zaid qeb leix
教室	[tɕ^{h}ə^{33}lei^{55}q^{h}aŋ^{35}tɕ^{h}u^{44}]	qeb leix khangd qut	上学	[moŋ^{11}tɕ^{h}ə^{33}lei^{55}]	mongl qeb leix
放学	[ɕaŋ^{44}lei^{55}]	xangt leix	考试	[pi^{55}q^{h}aŋ^{35}niaŋ^{13}]	bix khangd niangs
书包	[tɛ^{31}tu^{35}/ tɛ^{31}tɕa^{35}tu^{35}]	daif dud/daif jad dud	本子	[pei^{55}lei^{55}ɕ^{h}a^{35}]	beix leix hxad
铅笔	[tiaŋ^{33}pi^{31}tə^{44}]	diangb bif det	钢笔	[tiaŋ^{33}pi^{31}ɬ^{h}ə^{44}]	diangb bif hlet
圆珠笔	[tiaŋ^{33}pi^{31}ɬen^{55}f^{h}u^{35}]	diangb bif dlenx hfud	毛笔	[tiaŋ^{33}pi^{31}qa^{33}ɬiu^{33}]	diangb bif ghab dliub
墨	[mɛ^{31}]	maif	砚台	[lɛ^{33}t^{h}o^{53}tɕa^{13}mɛ^{31}]	laib tok jas maif
信一封~	[ɕen^{35}]	xend	连环画	[tu^{35}qa^{33}tɛ^{33}nɛ^{55}]	dud ghab daib naix
捉迷藏	[ɕi^{44}mi^{35}ɕi^{44}ɣaŋ^{13}]	xit mid xit vangs	跳绳	[tia^{53}ɬ^{h}a^{44}]	diak hlat
毽子	[ti^{33}po^{33}to^{33}qei^{33}]	dib bob dob gheib	风筝	[ɬaŋ^{35}tu^{35}]	dlangd dud

续 表

词目	国际音标	苗文	词目	国际音标	苗文
舞狮	[sua^{53}sɿ^{33}]	suak sib	鞭炮 统称	[p^{h}o^{44}tu^{35}]	pot dud
唱歌	[ko^{11}ɕ^{h}a^{53}]	gol hxak	演戏	[ʑe^{55}ɕi^{13}]	yeex xis
锣鼓 统称	[niə^{11}tu^{35}lio^{35}]	niel dud liod	二胡	[tiaŋ^{33}ki^{55}n^{h}ɛ^{33}]	diangb gix hnaib
笛子	[tiaŋ^{33}tioŋ^{55}liaŋ^{31}]	diangb diongx liangf	划拳	[ti^{33}ma^{11}]	dib mal
下棋	[ɕa^{35}tɕ^{h}i^{31}]	xad qif	打扑克	[ti^{33}pu^{33}k^{h}ɛ^{31}]	dib bub kaif
打麻将	[ti^{33}ma^{31}tɕaŋ^{35}]	dib maf jangd	变魔术	[pie^{35}mo^{31}su^{31}]	bieed mof suf
讲故事	[toŋ^{31}ɬiaŋ^{33}ɕaŋ^{13}/pɛ^{55} q^{h}aŋ^{13}niaŋ^{13}qo^{44}]	dongf dliangb xangs/baix khangs niangs ghot	猜谜语	[ku^{55}ɬiaŋ^{33}ɕaŋ^{13}]	gux dliangb xangs
玩儿 游玩；到城里～	[ɛ^{44}loŋ^{13}/ ɛ^{44}ɣu^{44}qa^{53}]	ait longs/ait vut ghak	串门儿	[tia^{13}ɣaŋ^{11}/ tiaŋ^{53}ɣaŋ^{11}]	dias vangl/diangk vangl
走亲戚	[haŋ^{33}ɕ^{h}u^{33}q^{h}a^{44}]	hangb hxub khat	看 ～电视	[ɕ^{h}i^{35}/ŋi^{44}]	hxid/ngit
听 用耳朵～	[n^{h}aŋ^{35}/tsoŋ^{33}zɛ^{55}]	hnangd/zongb naix	闻 嗅；用鼻子～	[n^{h}aŋ^{35}/m^{h}i^{44}]	hnangd/hmit

续 表

词目	国际音标	苗文	词目	国际音标	苗文
吸～气	[x^{h}u^{53}]	hvuk	睁～眼	[tsaŋ^{44}]	zangt
闭～眼	[qa^{44}]	ghat	眨～眼	[q^{h}a^{53}s^{h}a^{53}]	khak hsak
张～嘴	[t^{h}ia^{44}]	tiat	闭～嘴	[maŋ^{35}]	mangd
咬狗～人	[ki^{53}]	gik	嚼把肉～碎	[tɕa^{44}]	jat
咽～下去	[ŋaŋ^{11}]	ngangl	舔人用舌头～	[ʑi^{31}]	yif
含～在嘴里	[maŋ^{35}]	mangd	亲嘴	[zaŋ^{11}ku^{55}liu^{55}lo^{44}/ ɕi^{44}k^{h}u^{44}]	nangl gux liux lot/ xit kut
吮吸用嘴唇聚拢吸取液体，如吃奶时	[zaŋ^{11}]	nangl	吐上声，把果核儿～掉	[t^{h}u^{44}]	tut
吐去声，呕吐	[o^{35}]	od	打喷嚏	[ts^{h}ɛ^{33}]	caib
拿用手把苹果～过来	[tə^{53}/ɕu^{53}/ə^{35}]	dek/xuk/ed	给他我一个苹果～	[pɛ^{33}]	baib
摸～头	[s^{h}en^{53}]	hsenk	伸～手	[ɬiaŋ^{55}]	dliangx
挠～痒痒	[ka^{44}]	gat	掐用拇指和食指的指甲～皮肉	[liaŋ^{33}]	liangb

续 表

词目	国际音标	苗文	词目	国际音标	苗文
拧~螺丝	[zen^{53}]	nenk	拧~毛巾	[zen^{53}]	nenk
捻用拇指与食指来回~碎	[maŋ^{53}]	mangk	掰把橘子~开，把馒头~开	[vaŋ^{44}]	wangt
剥~花生	[ɬə^{35}]	dled	撕把纸~了	[ɬi^{44}]	dlit
折把树枝~断	[lo^{35}]	lod	拔~萝卜	[to^{53}/ɬu^{44}]	dok/dlut
摘~花	[liu^{53}]	liuk	站站立；~起来	[ɕʰu^{35}]	hxud
倚斜靠；~在墙上	[paŋ^{13}]	bangs	蹲~下	[niə^{55}niə^{11}]	niex niel
坐~下	[niaŋ^{33}ta^{33}]	niangb dab	跳青蛙~起来	[tia^{53}]	diak
迈跨过高物；从门槛上~过去	[tiə^{31}]	dief	踩脚~在牛粪上	[ten^{31}]	denf
翘~腿	[qaŋ^{44}/tei^{44}]	ghangt/deit	弯~腰	[qoŋ^{11}]	ghongl
挺~胸	[ni^{55}ɣə^{13}/ɕʰu^{35}ɣə^{13}]	nix ves/hxud ves	趴~着睡	[paŋ^{13}ki^{35}mɛ^{13}/ paŋ^{13}ki^{35}pʰu^{44}mə^{13}]	bangs gid mais/ bangs gid put mes

续 表

词目	国际音标	苗文	词目	国际音标	苗文
爬小孩在地上～	[tɕi^{44}]	jit	走慢慢儿～	[haŋ^{33}]	hangb
跑慢慢儿走，别～	[tsu^{53}]	zuk	逃逃跑；小偷～走了	[tsu^{53}]	zuk
追追赶；～小偷	[ɣa^{33}]	vab	抓～小偷	[vi^{11}]	wil
抱把小孩～在怀里	[pə^{13}]	bes	背～孩子	[a^{53}]	ak
搀～老人	[kaŋ^{31}/ɕi^{44}kaŋ^{31}]	gangf/xit gangf	推几个人一起～汽车	[x^{h}oŋ^{35}]	hvongd
摔跌；小孩～倒了	[ɬiaŋ^{35}pi^{11}]	dliangd bil	撞人～到电线杆上了	[ku^{31}]	guf
挡你～住我了	[laŋ^{11}]	langl	躲他～在床底	[mi^{35}]	mid
藏藏匿，收藏	[ɣa^{53}]	vak	放碗～在桌上	[tu^{33}]	dub
摞把砖～起来	[nen^{13}]	nens	埋～在地下	[pə^{55}/liaŋ^{11}]	bex/liangl
盖把茶杯～上	[mə^{13}]	mes	压用石头～上	[nei^{31}]	neif
摁～图钉	[nei^{31}]	neif	捅～马蜂窝	[ts^{h}o^{44}]	cot
插把香～到香炉里	[t^{h}ia^{53}]	tiak	戳～个洞	[ts^{h}o^{44}/qoŋ^{13}]	cot/ghongs

续 表

词目	国际音标	苗文	词目	国际音标	苗文
砍~树	[ma^{31}]	maf	剁把肉~碎	[s^{h}ε^{44}]	hsait
削~苹果	[tɕ^{h}en^{53}]	qenk	裂木板~开了	[tε^{44}tsa^{31}]	dait zaf
皱皮~起来	[lo^{11}ti^{44}]	lol dit	腐烂死鱼~了	[la^{55}la^{11}]	lax lal
擦~手	[ɕ^{h}aŋ^{44}]	hxangt	倒把剩饭~掉	[liu^{33}/t^{h}o^{35}]	liub/tod
扔丢弃	[ko^{55}/ɬiu^{13}]	gox/dlius	扔投掷：~得远远的	[ko^{55}]	gox
掉树上~下一个苹果	[pε^{55}]	baix	滴水~下来	[pε^{55}/niə^{13}]	baix/nies
丢丢失：钥匙~了	[ta^{11}]	dal	找寻找：钥匙~到了	[ɣaŋ^{13}]	vangs
捡~到十块钱	[tɕ^{h}iə^{33}]	qieb	提~篮子	[ɕu^{53}]	xuk
挑~担	[qaŋ^{44}]	ghangt	扛把锄头~在肩上	[ki^{35}]	gid
抬~轿	[qaŋ^{44}]	ghangt	举~旗子	[ki^{35}]	gid
撑~伞	[ni^{11}]	nil	撬~门	[o^{35}]	od
挑挑选：你~一个	[x^{h}u^{53}]	hvuk	收拾~东西	[ɕ^{h}u^{33}ɕ^{h}a^{33}]	hxub hxab

续 表

词目	国际音标	苗文	词目	国际音标	苗文
挽~袖子	[ɬʰi⁵³]	hlik	涮~杯子	[ʑi¹¹]	yil
洗~衣服	[sa³⁵]	sad	捞~鱼	[hei⁵³]	heik
拴~牛	[tɕo⁵³]	jok	捆~起来	[qʰei³³]	kheib
解~开绳子	[tʰa³⁵]	tad	挪~桌子	[ʑa⁵⁵]	yax
端~碗	[ɕu⁵³]	xuk	摔碗~碎了	[pɛ⁵⁵]	baix
掺~水	[nio⁵⁵]	niox	烧~柴	[pʰi³⁵]	pid
拆~房子	[lo⁵⁵]	lox	转~圈儿	[va¹³]	was
捶用拳头~	[ti³³]	dib	打统称：他~了我一下	[ti³³]	dib
打架动手：两人在~	[ɕi⁴⁴ti³³]	xit dib	休息	[tɕʰə⁴⁴ɣə¹³]	qet ves
打哈欠	[a⁴⁴ho⁴⁴]	at hot	打瞌睡	[ku¹³ni⁵³/sʰə⁵³ni⁵³]	gus nik/hsek nik
睡他已经~了	[pi⁴⁴]	bit	打呼噜	[kʰaŋ³³taŋ⁵⁵]	kangb dangx
做梦	[ɬiaŋ³³pu⁴⁴]	dliangb but	起床	[fa¹¹tsaŋ¹¹]	fal zangl

续 表

词目	国际音标	苗文	词目	国际音标	苗文
刷牙	[sʰa^{33}]	hsab	洗澡	[loŋ^{35}ə^{33}]	longd eb
想思索：让我~一下	[zo^{13}]	nos	想想念：我很~他	[ɬʰi^{33}]	hlib
打算我~开个店	[tso^{44}zo^{13}]	zot nos	记得	[nin^{13}xʰi^{33}]	nins hvib
忘记	[nʰioŋ^{33}qaŋ^{33}]	hniongb ghangb	怕害怕	[ɕʰa^{33}]	hxab
相信我~你	[sʰen^{44}/nʰaŋ^{35}sʰen^{44}]	hsent/hnangd hsent	发愁	[na^{44}ɣə^{13}]	nat ves
小心过马路要~	[ʑu^{44}xʰi^{33}]	yut hvib	喜欢~吃土豆	[a^{44}xʰi^{33}]	at hvib
讨厌~这个人	[a^{55}qaŋ^{33}xʰi^{33}]	ax ghangb hvib	舒服凉风吹来很~	[ɣu^{44}niaŋ^{33}]	vut niangb
难受心理上的	[ɕa^{35}xʰi^{33}]	xad hvib	难过心理上的	[ɕen^{13}xʰi^{33}]	xens hvib
高兴	[qaŋ^{33}xʰi^{33}]	ghangb hvib	生气	[tɕʰen^{44}]	qent
责怪	[lio^{13}ken^{55}]	lios genx	后悔	[ɸʰɛ^{35}xʰi^{33}]	hfaid hvib
忌妒	[moŋ^{33}mɛ^{13}/ moŋ^{33}xʰi^{33}]	mongb mais/mongb hvib	害羞	[ɕi^{44}sa^{13}]	xit sas
丢脸	[pa^{11}mɛ^{13}]	bal mais	欺负	[ʑa^{31}nɛ^{55}]	yaf naix

续 表

词目	国际音标	苗文	词目	国际音标	苗文
装～病	[ε^{44}tɕi^{44}/ε^{44}qa^{33}tɕi^{44}]	ait jit/ait ghab jit	疼～小孩儿	[ɬ^{h}i^{33}]	hlib
要我～这个	[ə^{35}]	ed	有我～一个孩子	[niaŋ^{33}]	niangb
没有他～孩子	[a^{55}niaŋ^{33}]	ax niangb	是我～老师	[ti^{13}]	dis
不是他～老师	[a^{55}ti^{13}]	ax dis	在他～家	[niaŋ^{33}]	niangb
不在他～家	[a^{55}niaŋ^{33}]	ax niangb	知道我～这件事	[pu^{33}ʑaŋ^{55}]	bub yangx
不知道我～这件事	[a^{55}pu^{33}]	ax bub	懂我～英语	[pu^{33}]	bub
不懂我～英语	[a^{55}pu^{33}]	ax bub	会我～开车	[su^{55}]	sux
不会我～开车	[a^{55}su^{55}]	ax sux	认识我～他	[ɕi^{33}ɕaŋ^{53}]	xib xangk
不认识我～他	[a^{55}ɕi^{33}ɕaŋ^{53}]	ax xib xangk	行应答语	[ti^{13}/nioŋ^{44}]	dis/niongt
不行应答语	[a^{55}ti^{13}/a^{55}nioŋ^{44}]	ax dis/ax niongt	肯～来	[nioŋ^{44}]	niongt
应该～去	[ho^{31}li^{11}]	hof lil	可以～去	[ti^{13}ε^{44}nen^{35}]	dis ait nend
说～话	[m^{h}a^{44}]	hmat	话说～	[x^{h}ə^{33}/s^{h}ei^{35}]	hveb/hseid

续 表

词目	国际音标	苗文	词目	国际音标	苗文
聊天儿	[ɕi^{44}toŋ^{31}/ɕi^{44}pɛ^{55}]	xit dongf/xit baix	叫~他一声儿	[ko^{11}/ɬ^{h}a^{33}]	gol/hlab
吆喝大声喊	[ɬ^{h}a^{33}lia^{53}]	hlab liak	哭小孩~	[ken^{55}]	genx
骂当面~人	[tɕu^{33}]	jub	吵架	[ɕi^{44}tɕu^{33}]	xit jub
骗~人	[ɬa^{33}]	dlab	哄~小孩	[ɬa^{33}]	dlab
撒谎	[ɬa^{33}]	dlab	吹牛	[p^{h}o^{33}x^{h}ə^{33}/p^{h}o^{33}s^{h}ei^{35}]	pob hveb /pob hseid
拍马屁	[ma^{55}haŋ^{44}qa^{35}ma^{11}]	max hangt ghad mal	开玩笑	[ɛ^{44}loŋ^{13}tiə^{53}]	ait longs diek
告诉~他	[ɕaŋ^{13}]	xangs	谢谢致谢语	[po^{35}f^{h}u^{44}/ tu^{33}s^{h}ei^{44}]	bod hfut/dub hseit
对不起致歉语	[tei^{35}a^{55}ku^{13}]	deid ax gus	再见告别语	[tia^{13}qaŋ^{33}ɕi^{44}tɕa^{13}]	dias ghangb xit jas
大苹果~	[ɬ^{h}iə^{33}]	hlieb	小苹果~	[ʑu^{44}]	yut
粗绳子~	[s^{h}a^{33}/ɬ^{h}iə^{33}]	hsab/hlieb	细绳子~	[moŋ^{11}/ʑu^{44}]	mongl/yut
长线~	[ta^{35}]	dad	短线~	[lɛ^{35}]	laid
长时间~	[ta^{35}/ta^{35}tɕə^{13}]	dad/dad jes	短时间~	[lɛ^{35}/lɛ^{35}tɕə^{13}]	laid/laid jes

续 表

词目	国际音标	苗文	词目	国际音标	苗文
宽$_{\text{路～}}$	[faŋ^{35}]	fangd	宽敞$_{\text{房子～}}$	[faŋ^{35}/ɬ^{h}iə^{33}faŋ^{35}]	fangd/hlieb fangd
窄$_{\text{路～}}$	[ŋi^{31}]	ngif	高$_{\text{飞得～}}$	[x^{h}i^{33}]	hvib
低$_{\text{鸟飞得～}}$	[ka^{11}]	gal	高$_{\text{比我～}}$	[x^{h}i^{33}/x^{h}i^{33}tɕi^{11}]	hvib/hvib jil
矮$_{\text{比我～}}$	[ka^{11}/ka^{11}tɕi^{11}]	gal/gal jil	远$_{\text{路～}}$	[to^{11}]	dol
近$_{\text{路～}}$	[ɣi^{44}]	vit	深$_{\text{水～}}$	[to^{33}]	dob
浅$_{\text{水～}}$	[ni^{11}]	nil	清$_{\text{水～}}$	[ɕ^{h}i^{33}/s^{h}a^{33}ŋɛ^{13}]	hxib/hsab ngais
浑$_{\text{水～}}$	[niə^{11}]	niel	圆	[ɬen^{55}]	dlenx
扁	[mi^{53}/p^{h}en^{53}]	mik/penk	方	[faŋ^{33}/ɬu^{33}ki^{33}ɬu^{33} qo^{44}]	fangb/dlub gib dlub ghot
尖	[ɣa^{13}/tsaŋ^{33}]	vas/zangb	平	[pi^{13}]	bis
肥$_{\text{～肉}}$	[tiaŋ^{13}]	diangs	瘦$_{\text{～肉}}$	[su^{44}]	sut
肥$_{\text{形容猪等动物}}$	[tiaŋ^{13}]	diangs	胖$_{\text{形容人}}$	[tiaŋ^{13}]	diangs
瘦$_{\text{形容人、动物}}$	[su^{44}]	sut	黑$_{\text{黑板的颜色}}$	[ɬɛ^{33}]	dlaib

续 表

词目	国际音标	苗文	词目	国际音标	苗文
白 雪的颜色	[ɬu^{33}]	dlub	红 国旗的主色，统称	[ɕo^{53}]	xok
黄 国旗上五星的颜色	[faŋ^{55}]	fangx	蓝 蓝天的颜色	[zo^{55}niu^{11}]	nox niul
绿 绿叶的颜色	[zo^{55}]	nox	紫 紫药水的颜色	[ɬə^{13}]	dles
灰 草木灰的颜色	[qa^{33}ɕ^{h}u^{35}]	ghab hxud	多 东西～	[nɛ^{44}]	nait
少 东西～	[ɕu^{13}]	xus	重 担子～	[n^{h}ioŋ^{35}]	hniongd
轻 担子～	[fʰa^{33}]	hfab	直 线～	[tei^{55}]	deix
陡 楼梯～、坡～	[tɕə^{53}]	jek	弯 弯曲：路是～的	[qoŋ^{11}]	ghongl
歪 帽子戴～了	[vi^{55}]	wix	厚 木板～	[ta^{33}]	dab
薄 木板～	[niaŋ^{11}]	niangl	稠 稀饭～	[niu^{13}]	nius
稀 稀饭～	[ɕ^{h}i^{33}]	hxib	密 菜种得～	[ɬ^{h}o^{44}]	hlot
稀 稀疏：菜种得～	[nia^{11}]	nial	亮 指光线，明亮	[faŋ^{55}]	fangx
黑 指光线，完全看不见	[tsə^{53}]	zek	热 天气	[k^{h}i^{33}]	kib

续　表

词目	国际音标	苗文	词目	国际音标	苗文
暖和$_{天气}$	[ɕ^{h}ə^{35}]	hxed	凉$_{天气}$	[x^{h}en^{44}]	hvent
冷$_{天气}$	[sei^{11}]	seil	热$_{水}$	[k^{h}i^{33}]	kib
凉$_{水}$	[sen^{33}]	senb	干$_{干燥：衣服晒～了}$	[ŋa^{13}]	ngas
湿$_{潮湿：衣服淋～了}$	[ɕu^{31}/zen^{35}]	xuf/nend	干净$_{衣服～}$	[s^{h}a^{33}ŋɛ^{13}]	hsab ngais
脏$_{肮脏，不干净，统称：衣服～}$	[va^{44}]	wat	快$_{锋利：刀子～}$	[ɣa^{13}]	vas
钝$_{刀～}$	[lə^{55}]	lex	快$_{跑得～}$	[hia^{33}/x^{h}aŋ^{35}]	hiab /hvangd
慢$_{走得～}$	[ki^{35}ki^{35}]	gid gid	早$_{来得～}$	[so^{35}]	sod
晚$_{来～了}$	[qɛ^{33}]	ghaib	晚$_{天色～}$	[tei^{35}m^{h}aŋ^{44}]	deid hmangt
松$_{捆得～}$	[p^{h}o^{44}vo^{13}/a^{55}tɕoŋ^{44}]	pot wos/ax jongt	紧$_{捆得～}$	[tɕoŋ^{44}]	jongt
容易$_{这道题～}$	[ɣu^{44}ɛ^{44}]	vut ait	难$_{这道题～}$	[ɕa^{35}ɛ^{44}]	xad ait
新$_{衣服～}$	[x^{h}i^{33}]	hvib	旧$_{衣服～}$	[qo^{44}]	ghot
老$_{人～}$	[lu^{11}]	lul	年轻$_{人～}$	[ɣaŋ^{44}]	vangt

续 表

词目	国际音标	苗文	词目	国际音标	苗文
软$_{\text{糖～}}$	[mɛ^{13}]	mais	硬$_{\text{骨头～}}$	[kə^{53}]	gek
烂$_{\text{肉煮得～}}$	[la^{55}]	lax	糊$_{\text{饭烧～了}}$	[k^{h}i^{33}ɕo^{33}]	kib xob
结实$_{\text{家具～}}$	[tɕoŋ^{44}]	jongt	破$_{\text{衣服～}}$	[tu^{13}]	dus
富$_{\text{他家很～}}$	[ɬa^{13}]	dlas	穷$_{\text{他家很～}}$	[ɕ^{h}a^{44}]	hxat
忙$_{\text{最近很～}}$	[za^{31}]	naf	闲$_{\text{最近比较～}}$	[q^{h}oŋ^{44}]	khongt
累$_{\text{走～了}}$	[tɕə^{11}ɣə^{13}]	jel ves	疼$_{\text{摔～了}}$	[moŋ^{33}]	mongb
痒$_{\text{皮肤～}}$	[tɕ^{h}u^{44}tɕ^{h}a^{44}]	qut qat	热闹$_{\text{广场上很～}}$	[ɬoŋ^{44}]	dlongt
熟悉$_{\text{～的地方}}$	[lia^{13}/ɕi^{44}lia^{13}]	lias/xit lias	陌生$_{\text{～的地方}}$	[niu^{11}]	niul
味道$_{\text{尝尝～}}$	[tɕo^{55}s^{h}u^{33}]	jox hsub	气味$_{\text{闻闻～}}$	[s^{h}u^{33}]	hsub
咸$_{\text{菜～}}$	[za^{31}/ɬiu^{44}]	naf/dliut	淡$_{\text{菜～}}$	[ɕen^{13}]	xens
酸	[ɕ^{h}u^{33}]	hxub	甜	[qaŋ^{33}zaŋ^{55}]	ghangb nangx
苦	[i^{33}]	ib	辣	[za^{31}]	naf

续 表

词目	国际音标	苗文	词目	国际音标	苗文
鲜 鱼汤～	[qaŋ^{33}ki^{35}ɕen^{13}]	ghangb gid xens	香	[tɛ^{44}moŋ^{13}]	dait mongs
臭	[haŋ^{44}poŋ^{44}]	hangt bongt	馊 饭～	[haŋ^{44}ɕ^{h}u^{33}]	hangt hxub
腥 鱼～	[ɕa^{35}m^{h}i^{33}]	xad hmib	好 人～	[ɣu^{44}]	vut
坏 人～	[qa^{33}ɬia^{55}]	ghab dliax	差 东西质量～	[qa^{33}ɬia^{55}]	ghab dliax
对 账算～了	[ti^{13}]	dis	错 账算～了	[a^{55}ti^{13}]	ax dis
漂亮 形容年轻女性的长相：她很～	[ɣu^{44}nio^{13}/saŋ^{33}]	vut nios/sangb	丑 形容人的长相：猪八戒很～	[ɕa^{35}ŋi^{44}/ɕa^{35}x^{h}a^{35}]	xad ngit/xad hvad
勤快	[kaŋ^{44}ŋa^{13}]	gangt ngas	懒	[ŋi^{11}]	ngil
乖	[ɬ^{h}io^{35}]	hliod	顽皮	[tso^{53}]	zok
老实	[ho^{44}sɛ^{55}]	hot saix	傻 痴呆	[nia^{35}]	niad
笨 蠢	[ɬoŋ^{11}]	dlongl	大方 不吝啬	[faŋ^{35}x^{h}i^{33}/ɬiə^{33}x^{h}i^{33}]	fangd hvib/dlieb hvib
小气 吝啬	[qei^{53}liu^{11}]	gheik liul	直爽 性格～	[tei^{55}x^{h}i^{33}/tɕu^{13}qɛ^{35} nɛ^{55}tɕu^{13}qɛ^{35}x^{h}i^{33}]	deix hvib/jus ghaid naix jus ghaid hvib

续 表

词目	国际音标	苗文	词目	国际音标	苗文
犟脾气~	[tɕaŋ^{44}]	jangt	一~二三四…，下同	[i^{33}]	ib
二	[o^{33}]	ob	三	[pi^{33}]	bib
四	[ɬo^{33}]	dlob	五	[tsa^{33}]	zab
六	[tiu^{44}]	diut	七	[ɕoŋ^{13}]	xongs
八	[ʑa^{31}]	yaf	九	[tɕə^{55}]	jex
十	[tɕu^{31}]	juf	二十	[o^{33}tɕu^{31}]	ob juf
三十	[pi^{33}tɕu^{31}]	bib juf	一百	[i^{33}pa^{44}]	ib bat
一千	[i^{33}s^{h}aŋ^{33}]	ib hsangb	一万	[i^{33}vaŋ^{13}]	ib wangs
一百零五	[i^{33}pa^{44}lin^{31}tsa^{33}]	ib bat linf zab	一百五十	[i^{33}pa^{44}tsa^{33}tɕu^{31}]	ib bat zab juf
第一~，第二	[ti$^{35;33}$i^{33}/s^{h}a^{44}ɣa^{13}]	did ib/hsat vas	二两重量	[o^{33}liaŋ^{11}]	ob liangl
几个你有~孩子?	[nɛ^{44}ɕu^{13}lɛ^{55}]	nait xus laix	俩你们~	[o^{33}]	ob
仨他们~	[pi^{33}]	bib	个把	[s^{h}u^{53}lɛ^{55}]	hsuk laix

续 表

词目	国际音标	苗文	词目	国际音标	苗文
个～人	[lɛ^{55}]	laix	匹～马	[tɛ^{11}]	dail
头～牛	[tɛ^{11}]	dail	头～猪	[tɛ^{11}]	dail
只～狗	[tɛ^{11}]	dail	只～鸡	[tɛ^{11}]	dail
只～蚊子	[tɛ^{11}]	dail	条～鱼	[tɛ^{11}]	dail
条～蛇	[tɛ^{11}]	dail	张～嘴	[lɛ^{33}]	laib
张～桌子	[tɕo^{55}]	jox	床～被子	[p^{h}aŋ^{33}]	pangb
领～席子	[p^{h}aŋ^{33}]	pangb	双～鞋	[niu^{31}]	niuf
把～刀	[tiaŋ^{33}]	diangb	把～锁	[tiaŋ^{33}]	diangb
根～绳子	[tɕo^{55}]	jox	支～毛笔	[tiaŋ^{33}]	diangb
副～眼镜	[poŋ^{11}]	bongl	面～镜子	[ɬei^{31}]	dleif
块～香皂	[lɛ^{33}]	laib	辆～车	[tɕo^{55}]	jox
座～房子	[lɛ^{33}]	laib	座～桥	[tɕo^{55}]	jox

续 表

词目	国际音标	苗文	词目	国际音标	苗文
条$_{\text{一～河}}$	[tɕo^{55}]	jox	条$_{\text{一～路}}$	[tɕo^{55}]	jox
棵$_{\text{一～树}}$	[tɛ^{11}]	dail	朵$_{\text{一～花}}$	[kə^{35}]	ged
颗$_{\text{一～珠子}}$	[lɛ^{33}]	laib	粒$_{\text{一～米}}$	[niu^{13}]	nius
顿$_{\text{一～饭}}$	[ten^{44}]	dent	剂$_{\text{一～中药}}$	[fen^{44}]	fent
股$_{\text{一～香味}}$	[tɕo^{55}]	jox	行$_{\text{一～字}}$	[ɣoŋ^{33}]	vongb
块$_{\text{一～钱}}$	[k^{h}ɛ^{55}]	kaix	毛$_{\text{角：一～钱}}$	[tɕo^{31}]	jof
件$_{\text{一～事情}}$	[lɛ^{33}]	laib	点儿$_{\text{一～东西}}$	[nen^{53}]	nenk
些$_{\text{一～东西}}$	[nen^{53}tɛ^{33}]	nenk daib	下$_{\text{动量，打一～}}$	[tia^{13}]	dias
会儿$_{\text{坐了一～}}$	[ɕ^{h}o^{44}]	hxot	顿$_{\text{打一～}}$	[ten^{44}]	dent
阵$_{\text{下了一～雨}}$	[kaŋ^{55}/tsa^{13}]	gangx/zas	趟$_{\text{去了一～}}$	[tia^{13}]	dias
我$_{\text{～姓王}}$	[vi^{11}]	wil	你$_{\text{～也姓王}}$	[moŋ^{55}]	mongx
您$_{\text{尊称}}$	[moŋ^{55}]	mongx	他$_{\text{～姓张}}$	[nin^{55}]	ninx

续 表

词目	国际音标	苗文	词目	国际音标	苗文
我们不包括听话人：你们留下，～去	[$pi^{33}to^{11}$]	bib dol	咱们包括听话人：他们不去，～去	[$pi^{33}to^{11}$]	bib dol
你们	[$mo\eta^{55}to^{11}$]	mongx dol	他们	[$nin^{55}to^{11}$]	ninx dol
大家～一起干	[$n\varepsilon^{55}n\varepsilon^{44}$]	naix nait	自己我～做的	[$no\eta^{31}$]	nongf
别人这是～的	[$n\varepsilon^{55}t\varsigma u^{33}$]	naix jub	我爸～今年八十岁	[$vi^{11}pa^{35}$]	wil bad
你爸～在家吗?	[$mo\eta^{55}pa^{35}$]	mongx bad	他爸～去世了	[$nin^{55}pa^{35}$]	ninx bad
这个要～，不要那个	[$l\varepsilon^{33}no\eta^{35}$]	laib nongd	那个要这个，不要～	[$l\varepsilon^{33}\varepsilon^{33}$]	laib aib
哪个你要～杯子	[$l\varepsilon^{33}tei^{13}$]	laib deis	谁你找～	[$t\varepsilon^{11}qei^{55}$]	dail gheix
这里在～，不在那里	[$p\partial^{44}no\eta^{35}$]	bet nongd	那里在这里，不在～	[$p\partial^{44}\varepsilon^{33}$]	bet aib
哪里你在～?	[$p\partial^{44}tei^{13}$]	bet deis	这样事情是～的，不是那样的	[$\varepsilon^{44}no\eta^{35}$]	ait nongd

续 表

词目	国际音标	苗文	词目	国际音标	苗文
那样事情是这样，不是～的	[ε^{44}ε^{33}/ε^{44}ɕi^{44}ε^{33}]	ait aib/ait xit aib	怎样什么样：你要～的？	[ε^{44}tei^{13}/ε^{44}ɕ^{h}i^{44}tei^{13}]	ait deis/ait hxit deis
这么～贵啊	[ε^{44}noŋ^{35}]	ait nongd	怎么这个字～写？	[ε^{44}tei^{13}]	ait deis
什么这个是～字？	[qei^{55}ɕi^{35}]	gheix xid	什么你找～？	[qei^{55}ɕi^{35}/lε^{33}qei^{55}]	gheix xid/laib gheix
为什么你～不去？	[paŋ^{13}ki^{35}tei^{13}]	bangs gid deis	干什么你在～？	[ε^{44}lε^{33}qei^{55}/ε^{44}lε^{33}ɕi^{35}/ε^{44}ki^{35}tei^{13}]	ait laib gheix/ait laib xid/ait gid deis
多少这个村有～人？	[nε^{44}ɕu^{13}]	nait xus	很今天～热	[s^{h}a^{44}]	hsat
非常比上条程度更深：今天～热	[s^{h}a^{44}]	hsat	更今天比昨天～热	[s^{h}a^{44}]	hsat
太这个东西～贵，买不起	[s^{h}a^{44}]	hsat	最弟兄三个中他～高	[s^{h}a^{44}]	hsat
都大家～来了	[tə^{33}]	deb	一共～多少钱？	[tɕu^{11}tɕu^{11}]	jul jul
一起我和你～去	[tɕu^{13}qei^{35}/tɕu^{11}tɕu^{11}/ɕi^{44}sei^{55}]	jus gheid/jul jul/xit seix	只我～去过一趟	[tɕə^{31}niaŋ^{33}/tɕə^{31}]	jef niangb/jef

续　表

词目	国际音标	苗文	词目	国际音标	苗文
刚这双鞋我穿着~好	[noŋ^{35}tɕʰi^{35}/ho^{44}tɕʰi^{35}]	nongd qid/hot qid	刚我~到	[nong^{35}tɕʰi^{35}]	nongd qid
才你怎么~来啊？	[tɕo^{31}tɕʰi^{35}]	jof qid	就我吃了饭~去	[qa^{55}]	ghax
经常我~去	[ɕaŋ^{31}ɕaŋ^{31}]	xangf xangf	又他~来了	[zə^{35}]	yed
还他~没回家	[sei^{55}a^{44}pi^{11}]	seix at bil	再你明天~来	[tiaŋ^{35}]	diangd
也我~去；我~是老师	[sei^{55}]	seix	反正不用急，~还来得及	[a^{55}tei^{13}hu^{11}/ki^{35}tei^{13}hu^{11}]	ax deis hul/gid deis hul
没有昨天我~去	[a^{55}niaŋ^{33}]	ax niangb	不明天我~去	[a^{55}nioŋ^{44}]	ax niongt
别你~去	[a^{55}ki^{35}]	ax gid	甭不用，不必：你~客气	[a^{55}ki^{35}]	ax gid
快天~亮了	[xʰa^{44}]	hvat	差点儿~摔倒了	[tsʰa^{33}nen^{53}tɛ^{33}]	cab nenk daib
宁可~买贵的	[noŋ^{31}ɕʰi^{44}]	nongf hxit	故意~打破的	[ta^{35}ki^{35}]	dad gid
随便~弄一下	[a^{55}tei^{13}]	ax deis	白~跑一趟	[ha^{44}]	hat
肯定~是他干的	[ti^{13}a^{44}nen^{35}]	dis at nend	可能~是他干的	[qə^{35}/ku^{55}to^{55}]	ghed/gux dox

续 表

词目	国际音标	苗文	词目	国际音标	苗文
一边~走，~说	[pi^{11}ʑi^{11}]	bil yil	和我~他都姓王	[ho^{31}]	hof
和我昨天~他去的	[tə^{13}]	des	对他~我很好	[tei^{35}]	deid
往~东走	[tə^{13}]	des	向~他借一本书	[tə^{13}]	des
按~他的要求做	[tə^{13}]	des	替~他写信	[tə^{13}/tʰi^{44}]	des/tit
如果~忙就别来了	[ɬa^{33}pu^{44}]	dlab but	不管~怎么样饭还是要吃的	[ki^{35}tei^{13}hu^{11}]	gid deis hul
天~空	[faŋ^{33}vɛ^{55}]	fangb waix	天河银河	[ə^{33}vɛ^{55}]	eb waix
天上	[faŋ^{33}vɛ^{55}]	fangb waix	天崩	[tu^{13}vɛ^{55}]	dus waix
彗星扫帚星	[tɛ^{33}qɛ^{33}tɕʰi^{33}ta^{33}]	daib ghaib qib dab	北斗星	[vi^{35}ɕə^{35}ɕoŋ^{13}]	wid xed xongs
流星	[tɛ^{33}qɛ^{33}ɕu^{35}qa^{35}]	daib ghaib xud ghad	乌云	[qa^{33}ɬʰu^{53}vɛ^{55}ɬɛ^{33}]	ghab hluk waix dlaib
狂风	[tɕen^{44}ɬʰiə^{33}tɕen^{44}ʑaŋ^{31}]	jent hlieb jent yangf	旋风	[tɕen^{44}va^{13}tu^{53}]	jent was duk

续 表

词目	国际音标	苗文	词目	国际音标	苗文
暴风雨	[tɕin^{44}noŋ^{13}ho^{33}niu^{11}]	jint nongs hob niul	毛毛雨	[qa^{33}p^{h}en^{33}noŋ^{13}]	ghab penb nongs
阵雨	[qa^{33}kaŋ^{55}noŋ^{13}]	ghab gangx nongs	打雷	[pə^{44}ho^{33}]	bet hob
霹雷	[pə^{44}ho^{33}li^{31}ho^{33}]	bet hob lif hob	打闪	[lia^{31}ho^{33}]	liaf hob
刮~风	[ts^{h}ei^{33}]	ceib	日晕	[n^{h}ɛ^{33}pi^{44}ə^{33}]	hnaib bit eb
月晕	[ɬ^{h}a^{44}pi^{44}ə^{33}]	hlat bit eb	涨~大水	[ɬ^{h}iə^{33}]	hlieb
地与"天"相对的	[faŋ^{33}ta^{33}]	fangb dab	地田~	[tio^{35}la^{13}]	diod las
地裂	[tɛ^{44}tsa^{31}ta^{33}]	dait zaf dab	洼地	[qa^{33}ɬ^{h}ioŋ^{53}tioŋ^{11}]	ghab hliongk diongl
荒地未开垦过的地	[la^{13}f^{h}aŋ^{33}]	las hfangb	旱田	[li^{55}ki^{11}]	lix gil
梯田	[li^{55}qa^{33}saŋ^{55}]	lix ghab sangx	秧田	[li^{55}ta^{33}ʑi^{33}]	lix dab yib
平坝子	[qa^{33}tsaŋ^{44}pi^{13}]	ghab zangt bis	平地	[la^{13}pi^{13}]	las bis
大路	[ki^{35}ɬ^{h}iə^{33}]	gid hlieb	小路	[ki^{35}ʑu^{44}]	gid yut
岔路口	[qa^{33}t^{h}ia^{33}ki^{35}]	ghab tiab gid	岭	[qa^{33}zaŋ^{55}po^{53}]	ghab nangx bok

续 表

词目	国际音标	苗文	词目	国际音标	苗文
山	[qa^{33}po^{53}x^{h}i^{33}]	ghab bok hvib	山坳	[qa^{33}ɬoŋ^{13}zaŋ^{55}]	ghab dlongs nangx
山顶	[qa^{33}f^{ɦ}u^{35}po^{53}]	ghab hfud bok	山洞	[q^{h}aŋ^{35}po^{53}q^{h}aŋ^{35} tsa^{44}]	khangd bok khangd zat
山峰	[qa^{33}pi^{11}po^{53}]	ghab bil bok	山脚	[qa^{33}lɛ^{33}po^{53}]	ghab laib bok
山坡	[qa^{33}paŋ^{13}po^{53}]	ghab bangs bok	山下	[qa^{33}lɛ^{33}po^{53}]	ghab laib bok
山腰	[qa^{33}tioŋ^{33}po^{53}]	ghab diongb bok	山脉	[qa^{33}ɣaŋ^{55}pi^{11}]	ghab vangx bil
荒山	[to^{11}po^{53}f^{ɦ}aŋ^{33}]	dol bok hfangb	水源	[qa^{33}f^{ɦ}u^{35}ə^{33}]	ghab hfud eb
屋檐水	[qa^{33}tu^{44}tsɛ^{35}ə^{33}]	ghab dut zaid eb	浑水	[ə^{33}niə^{11}]	eb niel
河口	[qa^{33}lo^{44}ə^{33}]	ghab lot eb	山涧	[qa^{33}tioŋ^{33}ki^{31}]	ghab diongb gif
潭	[lɛ^{33}vaŋ^{11}]	laib wangl	鱼塘	[oŋ^{35}zɛ^{11}]	ongd nail
水塘	[lɛ^{33}oŋ^{35}]	laib ongd	海	[lɛ^{33}hɛ^{55}]	laib haix
土$_{干\sim}$	[qa^{33}ta^{33}]	ghab dab	悬崖	[qa^{33}tsa^{44}tɕə^{53}]	ghab zat jek

续 表

词目	国际音标	苗文	词目	国际音标	苗文
洲江河之中	[ə^{33}n^{h}iaŋ^{33}qa^{33}tioŋ^{33} ki^{13}ta^{55}paŋ^{31}to^{11}qa^{33} ɬaŋ^{11}qa^{33}po^{53}]	eb hniangb ghab diongb gis dax bangf dol ghab dlangl ghab bok描述性说法	沙滩	[qa^{33}s^{h}a^{44}ə^{33}]	ghab hsat eb
岩石	[po^{35}tsa^{44}]	bod zat	鹅卵石	[po^{35}ɣi^{33}s^{h}a^{44}]	bod vib hsat
白石头	[po^{35}ɣi^{33}ɬu^{33}/ po^{35}ɣi^{33}tiaŋ^{55}pa^{44}]	bod vib dlub/bod vib diangx bat	小石子	[po^{35}ɣi^{33}ʑu^{44}]	bod vib yut
泥沙	[qa^{33}s^{h}a^{44}ta^{33}maŋ^{11}]	ghab hsat dab mangl	烂泥	[qa^{33}ta^{33}la^{55}laŋ^{31}]	ghab dab lax langf
黄土	[ta^{33}faŋ^{55}]	dab fangx	沃土	[ta^{33}tiaŋ^{13}]	dab diangs
石灰	[ɣi^{33}ha^{33}]	vib hab	金子	[tɕen^{33}tsɿ^{55}]	jenb zix
铁	[ɬ^{h}ə^{44}]	hlet	铜	[tə^{55}]	dex
钢	[s^{h}a^{33}]	hsab	锡	[ʑen^{55}]	yenx
硝石~	[ɕo^{33}]	xob	汞水银	[sei^{55}ʑen^{31}]	seix yenf

续 表

词目	国际音标	苗文	词目	国际音标	苗文
硫磺	[faŋ^{31}]	fangf	铅	[ʑen^{55}niu^{11}]	yenx niul
光	[faŋ^{55}]	fangx	火焰火苗	[qa^{33}ni^{31}tu^{11}]	ghab nif dul
火星子	[tɛ^{33}qɛ^{33}tu^{11}]	daib ghaib dul	鬼火	[tu^{11}ɬiaŋ^{33}vi^{35}]	dul dliangb wid
热火灰	[qa^{35}ɕ^{h}u^{35}tu^{11}]	ghad hxud dul	结~冰	[ki^{44}]	git
空气	[poŋ^{44}tɕen^{44}]	bongt jent	年轮	[qa^{33}n^{h}iu^{44}tə^{44}]	ghab hniut det
泡沫成团的，如肥皂~等	[qa^{33}p^{h}o^{44}ə^{33}]	ghab pot eb	波浪	[laŋ^{13}ə^{33}]	langs eb
漩涡	[vi^{53}ə^{33}/tu^{53}ə^{33}]	wik eb/duk eb	瀑布	[q^{h}aŋ^{35}ɬo^{35}ə^{33}]	khangd dlod eb
泉~水	[men^{44}ə^{33}]	ment eb	蒸气	[poŋ^{44}/poŋ^{44}ɕi^{44}]	bongt/bongt xit
污垢	[qa^{35}tɕen^{35}]	ghad jend	陷阱	[q^{h}aŋ^{35}ti^{44}ŋa^{55}]	khangd dit ngax
裂纹	[tɕo^{55}tsa^{31}]	jox zaf	锈	[tɕi^{44}s^{h}ei^{33}]	jit hseib
渣滓	[qa^{33}ten^{13}nen^{13}]	ghab dens nens	锅底灰	[qa^{33}n^{h}iu^{44}vi^{11}]	ghab hniut wil
从前	[ɬiə^{11}la^{55}]	dliel lax	将来	[s^{h}u^{53}n^{h}ɛ^{33}]	hsuk hnaib

续 表

词目	国际音标	苗文	词目	国际音标	苗文
最后	[s^{h}a^{44}qaŋ^{33}]	hsat ghangb	古时候	[ɬiə^{11}la^{55}haŋ^{35}to^{11}]	dliel lax hangd dol
子$_{\text{鼠}}$	[sɛ^{35}/naŋ^{11}]	said/nangl	丑$_{\text{牛}}$	[ɕ^{h}u^{35}/nin^{55}]	hxud/ninx
寅$_{\text{虎}}$	[ʑen^{55}/ɕə^{35}]	yenx/xed	卯$_{\text{兔}}$	[mo^{11}/lo^{53}]	mol/lok
辰$_{\text{龙}}$	[ɕen^{55}/ɣoŋ^{55}]	xenx/vongx	巳$_{\text{蛇}}$	[sɛ^{11}/naŋ^{33}]	sail/nangb
午$_{\text{马}}$	[kaŋ^{33}/ma^{11}]	gangb/mal	未$_{\text{羊}}$	[mɛ^{13}/li^{35}]	mais/lid
申$_{\text{猴}}$	[ɕ^{h}en^{33}/lei^{33}]	hxenb/leib	酉$_{\text{鸡}}$	[ʑu^{11}/qei^{33}]	yul/gheib
戌$_{\text{狗}}$	[ɕ^{h}en^{53}/ɬa^{35}]	hxenk/dlad	亥$_{\text{猪}}$	[ha^{44}/pa^{44}]	hat/bat
春	[toŋ^{35}ɕ^{h}ə^{35}]	dongd hxed	夏	[toŋ^{35}k^{h}i^{33}]	dongd kib
秋	[toŋ^{35}x^{h}en^{44}]	dongd hvent	冬	[toŋ^{35}sei^{11}]	dongd seil
闰年	[zen^{35}n^{h}iu^{44}]	nend hniut	前几年	[o^{33}pi^{11}n^{h}iu^{44}taŋ^{11}fu^{35}]	ob bil hniut dangl fud
一月	[ɬ^{h}a^{44}qɛ^{35}]	hlat ghaid	二月	[ɬ^{h}a^{44}o^{33}]	hlat ob
三月	[ɬ^{h}a^{44}pi^{33}]	hlat bib	四月	[ɬ^{h}a^{44}ɬo^{33}]	hlat dlob

续 表

词目	国际音标	苗文	词目	国际音标	苗文
五月	[ɬ^{h}a^{44}tsa^{33}]	hlat zab	六月	[ɬ^{h}a^{44}tiu^{44}]	hlat diut
七月	[ɬ^{h}a^{44}ɕoŋ^{13}]	hlat xongs	八月	[ɬ^{h}a^{44}ʑa^{31}]	hlat yaf
九月	[ɬ^{h}a^{44}tɕə^{55}]	hlat jex	十月	[ɬ^{h}a^{44}tɕu^{31}]	hlat juf
十一月冬月	[ɬ^{h}a^{44}tɕu^{31}qɛ^{35}/ ɬ^{h}a^{44}tə^{33}]	hlat juf ghaid/hlat deb	十二月腊月	[ɬ^{h}a^{44}lo^{31}]	hlat lof
月初	[qa^{33}f^{h}u^{35}ɬ^{h}a^{44}/ qa^{33}qa^{33}ɬ^{h}a^{44}]	ghab hfud hlat/ghab ghab hlat	月底	[qa^{33}ku^{31}ɬ^{h}a^{44}/ qa^{33}tɛ^{35}ɬ^{h}a^{44}]	ghab guf hlat/ghab daid hlat
月中	[qa^{33}tioŋ^{33}ɬ^{h}a^{44}]	ghab diongb hlat	闰月	[zen^{35}ɬ^{h}a^{44}]	nend hlat
初一	[niaŋ^{55}i^{33}]	niangx ib	初二	[niaŋ^{55}o^{33}]	niangx ob
初三	[niaŋ^{55}pi^{33}]	niangx bib	初四	[niaŋ^{55}ɬo^{33}]	niangx dlob
初五	[niaŋ^{55}tsa^{33}]	niangx zab	初十	[niaŋ^{55}tɕu^{31}]	niangx juf
黎明	[o^{33}vɛ^{55}]	ob waix	今晚	[m^{h}aŋ^{44}noŋ^{35}]	hmangt nongd
明晚	[fa^{11}so^{35}m^{h}aŋ^{44}/ fu^{33}fa^{11}m^{h}aŋ^{44}]	fal sod hmangt/fub fal hmangt	昨晚	[n^{h}ɛ^{33}noŋ^{11}m^{h}aŋ^{44}]	hnaib nongl hmangt

续 表

词目	国际音标	苗文	词目	国际音标	苗文
一昼夜	[i^{33}n^{h}ɛ^{33}i^{33}m^{h}aŋ^{44}]	ib hnaib ib hmangt	两天以后	[o^{33}n^{h}ɛ^{33}taŋ^{11}qaŋ^{33}]	ob hnaib dangl ghangb
三年以前	[pi^{33}n^{h}iu^{44}taŋ^{11}f̥^{h}u^{35}]	bib hniut dangl hfud	空闲$_{工夫}$	[q^{h}oŋ^{44}/s^{h}a^{33}q^{h}oŋ^{44}]	khongt/hsab khongt
过$_{\sim 了两年}$	[fa^{44}]	fat	尝新节	[naŋ^{55}toŋ^{35}x^{h}i^{33}]	nangx dongd hvib
东	[ki^{35}naŋ^{11}]	gid nangl	方向	[qa^{33}ki^{35}/qa^{33}p^{h}a^{44}/ qa^{33}tɕo^{55}]	ghab gid/ghab pat/ ghab jox
南	[ki^{35}ə^{33}]	gid eb	西	[ki^{35}tɕə^{13}]	gid jes
房子后	[tiu^{33}tsɛ^{35}taŋ^{11}qaŋ^{33}]	diub zaid dangl ghangb	北	[ki^{35}pi^{11}]	gid bil
房子外边	[tiu^{33}tsɛ^{35}pɛ^{44}ku^{55}]	diub zaid bait gux	房子前	[tiu^{33}tsɛ^{35}taŋ^{11}f̥^{h}u^{35}]	diub zaid dangl hfud
周围	[tiu^{33}tsɛ^{35}o^{33}p^{h}a^{44}]	diub zaid ob pat	门口	[ki^{35}ku^{55}]	gid gux
隔壁	[to^{11}qa^{33}pu^{44}tsɛ^{35}ɣi^{44}]	dol ghab but zaid vit	附近	[tiu^{33}tsɛ^{35}haŋ^{35}ɣi^{44}]	diub zaid hangd vit
角落	[qa^{33}ki^{33}]	ghab gib	河边	[qa^{33}pu^{44}ə^{33}]	ghab but eb

续 表

词目	国际音标	苗文	词目	国际音标	苗文
正面布、纸等的～	[pʰa^{44}mɛ^{13}]	pat mais	桶底	[qa^{33}pə^{55}ti^{31}]	ghab bex dif
半路	[taŋ^{11}ki^{35}]	dangl gid	背面布、纸等的～	[pʰa^{44}ku^{31}]	pat guf
树根	[qa^{33}tɕoŋ^{55}tə^{44}]	ghab jongx det	树干	[tɛ^{11}qa^{33}tɛ^{11}tə^{44}]	dail ghab dail det
树梢	[qa^{33}ku^{31}tə^{44}]	ghab guf det	树蔸砍伐后剩下的树桩	[qa^{33}qo^{53}tə^{44}]	ghab ghok det
树叶	[qa^{33}nə^{55}tə^{44}]	ghab nex det	树皮	[qa^{33}lin^{44}tə^{44}]	ghab lint det
树枝	[qa^{33}tɕi^{11}tə^{44}]	ghab jil det	树汁	[ə^{33}vu^{11}tə^{44}]	eb wul det
树墩	[qa^{33}po^{33}tə^{44}]	ghab bob det	树丫	[qa^{33}tʰia^{33}tə^{44}]	ghab tiab det
护林	[ɣə^{35}ɣu^{35}]	ved vud	树林	[qa^{33}ɣu^{35}tə^{44}]	ghab vud det
松香	[ʑi^{11}qei^{35}]	yil gheid	松针	[qa^{33}sʰoŋ^{33}qei^{35}]	ghab hsongb gheid
李树	[tə^{44}tsen^{35}zaŋ^{13}]	det zend nangs	梨树	[tə^{44}tsen^{35}ɣa^{55}]	det zend vax
漆树	[tə^{44}sʰei^{53}]	det hseik	桃树	[tə^{44}tsen^{35}ɬen^{55}]	det zend dlenx
榕树	[tə^{44}ɣu^{35}zoŋ^{11}]	det vud nongl	桐油树	[tə^{44}tsen^{35}ʑu^{55}]	det zend yux

续 表

词目	国际音标	苗文	词目	国际音标	苗文
茶子树	[tə^{44}tsen^{35}tɕen^{11}]	det zend jenl	樟树	[tə^{44}ɬə^{33}]	det dleb
棕树	[tə^{44}s^{h}o^{33}]	det hsob	枫树	[tə^{44}maŋ^{55}]	det mangx
椿树	[tə^{44}ɣo^{33}ʑaŋ^{11}]	det vob yangl	棕皮	[qa^{33}lin^{44}s^{h}o^{33}]	ghab lint hsob
竹壳	[qa^{33}lin^{44}za^{13}]	ghab lint nas	桑树	[tə^{44}qa^{33}nə^{55}kaŋ^{33}a^{35}]	det ghab nex gangb ad
竹丛	[qa^{33}koŋ^{53}tə^{35}ɬ^{h}o^{35}]	ghab gongk ded hlod	竹节	[qa^{33}qu^{44}ɬ^{h}o^{35}]	ghab ghut hlod
金竹	[tə^{44}ɬ^{h}o^{35}faŋ^{55}/ tə^{44}ɬ^{h}o^{35}tiu^{53}]	det hlod fangx/det hlod diuk	箭杆竹也称“箬竹”，叶子用于包粽子或做斗笠	[tə^{44}qa^{33}nə^{55}tɕə^{35} ki^{33}/tə^{44}sei^{35}]	det ghab nex jed gib 粽叶树/det seid
夭笋一种生长到一定时候，自己死了的笋	[za^{13}tɕaŋ^{55}kaŋ^{33}]	nas jangx gangb	冬笋	[za^{13}q^{h}aŋ^{35}ɕu^{55}]	nas khangd xux
花瓣	[qa^{33}li^{33}paŋ^{55}]	ghab lib bangx	叶脉	[qa^{33}nə^{55}s^{h}oŋ^{35}]	ghab nex hsongd
金银花	[paŋ^{55}qa^{35}nia^{53}]	bangx ghad niak	花蒂	[qa^{33}ni^{31}paŋ^{55}]	ghab nif bangx

续 表

词目	国际音标	苗文	词目	国际音标	苗文
黄栀子	[tsen^{35}lə^{11}]	zend lel	百合	[paŋ^{55}ɬiu^{35}qei^{33}]	bangx dliud gheib
茅草	[zaŋ^{55}qɛ^{33}laŋ^{11}]	nangx ghaib langl	草丛	[qa^{33}koŋ^{53}zaŋ^{55}]	ghab gongk nangx
艾草	[ɣo^{33}na^{55}ɬu^{44}/ ɣo^{33}tə^{33}və^{11}]	vob nax dlut/vob deb wel	草标儿	[qa^{33}toŋ^{33}tso^{35}]	ghab dongb zod
巴芒草	[zaŋ^{55}qa^{33}toŋ^{33}]	nangx ghab dongb	狗尾草莠	[zaŋ^{55}qa^{33}tɛ^{35}ɬa^{35}]	nangx ghab daid dlad
蓝靛草	[qa^{33}tə^{44}ni^{55}ə^{33}ɣo^{33}]	ghab det nix eb vob	鱼腥草折耳根，凉拌吃	[ɣo^{33}tiu^{53}]	vob diuk
车前草	[ɣo^{33}zɛ^{55}pa^{44}]	vob naix bat	蕨	[ɣo^{33}x^{h}ə^{33}]	vob hveb
蕨根	[qa^{33}tɕoŋ^{55}x^{h}ə^{33}]	ghab jongx hveb	刺丛	[qa^{33}koŋ^{53}pə^{11}]	ghab gongk bel
猫爪刺叶互生，叶面粗涩有绒毛，果实呈盏形，似草莓，色红，味甜，可食	[ɣo^{33}ken^{44}pɛ^{31}/ ɣo^{33}ken^{44}mo^{33}]	vob gent baif/vob gent mob	芭蕉	[tə^{44}ɕo^{33}]	det xob
芭蕉花	[paŋ^{55}tə^{44}ɕo^{33}]	bangx det xob	杨梅	[tsen^{35}li^{11}]	zend lil

续 表

词目	国际音标	苗文	词目	国际音标	苗文
山楂	[tsen^{35}ɕ^{h}u^{44}]	zend hxut	野生葡萄	[tsen^{35}qei^{35}ɣu^{35}]	zend gheid vud
棯子常绿灌木，叶互生，春季开白花，果似小坛子，夏熟，味甜，可食	[tsen^{35}ɕ^{h}i^{53}lo^{13}]	zend hxik los	枇杷	[tsen^{35}ɬo^{55}tɕə^{11}]	zend dlox jel
橙子即广柑	[tsen^{35}qo^{53}li^{13}taŋ^{31}]	zend ghok lis dangf	核果～	[qa^{33}n^{h}iu^{33}tsen^{35}]	ghab hniub zend
仁儿	[qa^{33}n^{h}iu^{33}tsen^{35}]	ghab hniub zend	壳	[qa^{33}n^{h}iu^{33}tsen^{35}]	ghab hniub zend
浮萍	[po^{33}]	bob	芦苇	[zaŋ^{35}toŋ^{33}ə^{33}]	nangd dongb eb
青苔	[ɣo^{33}tu^{33}]	vob dub	松菌	[tɕi^{33}tə^{55}qei^{35}]	jib dex gheid
紫苏	[qa^{35}n^{h}iaŋ^{35}ɕo^{53}]	ghad hniangd xok	薄荷	[ɣo^{33}ŋa^{55}ɬa^{35}]	vob ngax dlad
八角大料	[tsen^{35}ʑa^{31}li^{33}/ tsen^{35}ɕaŋ^{35}lio^{35}]	zend yaf lib/zend xangd liod	水稻	[ka^{35}s^{h}ɛ^{35}na^{55}]	gad hsaid nax
旱稻泛指旱地上种的稻	[na^{55}pi^{11}/ ka^{35}na^{55}pi^{11}]	nax bil/gad nax bil	早稻	[na^{55}ɕaŋ^{35}so^{35}]	nax xangd sod

续 表

词目	国际音标	苗文	词目	国际音标	苗文
晚稻	[na^{55}ɕaŋ^{35}qɛ^{33}]	nax xangd ghaib	灿稻	[na^{55}tsu^{55}]	nax zux
糯稻	[na^{55}nə^{31}]	nax nef	米	[qa^{33}s^{h}ɛ^{35}]	ghab hsaid
穗儿	[qa^{33}n^{h}iaŋ^{33}]	ghab hniangb	白米	[qa^{33}s^{h}ɛ^{35}ɬu^{33}]	ghab hsaid dlub
糙米	[qa^{33}s^{h}ɛ^{35}to^{35}tɕə^{11}]	ghab hsaid dod jel	糠	[qa^{33}ɬʰa^{44}]	ghab hfat
粗糠谷壳	[qa^{33}ɬʰa^{44}s^{h}a^{33}]	ghab hfat hsab	细糠	[qa^{33}ɬʰa^{44}moŋ^{11}]	ghab hfat mongl
秕谷	[to^{11}na^{55}mu^{44}]	dol nax mut	稗子	[to^{11}k^{h}aŋ^{33}]	dol kangb
麦子	[ka^{35}maŋ^{11}]	gad mangl	荞麦	[ɣo^{33}paŋ^{33}]	vob bangb
薏仁	[tsen^{35}tə^{35}]	zend ded	玉米须	[qa^{33}m^{h}o^{33}ka^{35}tiə^{11}]	ghab hmob gad diel
玉米秸包谷秆	[qa^{33}tə^{44}ka^{35}tiə^{11}]	ghab det gad diel	玉米芯	[qa^{33}q^{h}o^{33}ka^{35}tiə^{11}]	ghab khob gad diel
苎麻	[tɛ^{11}no^{13}]	dail nos	蓖麻	[tsen^{35}kaŋ^{33}s^{h}ei^{53} lio^{35}/tə^{31}kaŋ^{33}s^{h}ei^{53} lio^{35}]	zend gangb hseik liod/tef gangb hseik liod
豆子	[tə^{31}]	def	豆芽	[tə^{31}tɕ^{h}aŋ^{33}]	def qangb

续 表

词目	国际音标	苗文	词目	国际音标	苗文
干豇豆	[tə^{31}ko^{33}ȵε^{35}/ tə^{31}ko^{33}lia^{53}]	def gob ngaid/def gob liak	扁豆$_{青扁}$	[tə^{31}zε^{11}paŋ^{11}]	def nail bangl
饭豆	[tə^{31}ka^{35}]	def gad	四季豆	[tə^{31}ɬ^{h}a^{44}ɬu^{33}]	def hlat dlub
刀豆	[tə^{31}naŋ^{33}]	def nangb	青菜	[ɣo^{33}zo^{55}]	vob nox
芥菜	[ɣo^{33}ka^{44}]	vob gat	白菜	[ɣo^{33}ɬu^{33}]	vob dlub
苋菜	[ɣo^{33}ɕo^{53}]	vob xok	菜帮子	[qa^{33}koŋ^{55}ɣo^{33}]	ghab gongx vob
菜籽儿	[qa^{33}n^{h}iu^{33}ɣo^{33}]	ghab hniub vob	蒜薹	[qa^{33}o^{44}qa^{55}]	ghab ot ghax
瓜	[fa^{33}]	fab	瓜瓤	[fa^{33}qa^{33}nen^{13}]	fab ghab nens
葫芦	[q^{h}aŋ^{33}]	khangb	葫芦瓜	[tsen^{35}q^{h}aŋ^{33}]	zend khangb
冬瓜	[tsen^{35}p^{h}i^{35}/ fa^{33}tsen^{35}p^{h}i^{35}]	zend pid/fab zend pid	苦瓜	[fa^{33}i^{33}]	fab ib
丝瓜	[fa^{33}s^{h}a^{33}]	fab hsab	西瓜	[fa^{33}ə^{33}/ɕi^{33}kua^{33}/ tsen^{35}ə^{33}]	fab eb/xib guab/ zend eb

续 表

词目	国际音标	苗文	词目	国际音标	苗文
魔芋	[po^{35}tɕa^{33}naŋ^{33}]	bod jab nangb	红薯藤	[qa^{33}pa^{13}na^{55}ə^{33}/ qa^{33}pa^{13}na^{55}tu^{11}]	ghab bas nax eb/ ghab bas nax dul
脚板薯	[na^{55}ʑi^{44}ə^{33}ɕ^{h}u^{35}]	nax yit eb hxud	茶籽	[qaŋ^{33}n^{h}iu^{33}tsen^{35} tɕen^{11}]	ghangb hniub zend jenl
花椒	[tsen^{35}so^{33}]	zend sob	胡椒	[tsen^{35}so^{33}ɬu^{33}]	zend sob dlub
烟叶	[qa^{33}nə^{55}ʑen^{33}]	ghab nex yenb	象$_{大\sim}$	[tɛ^{11}lo^{11}s^{h}ɛ^{44}]	dail lol hsait
野兽	[ŋa^{55}qa^{33}ɣu^{35}]	ngax ghab vud	豹子	[tɛ^{11}ɕə^{35}mo^{33}]	dail xed mob
狮子	[tɛ^{11}sɿ^{33}tsɿ^{55}]	dail sib zix	猿猴	[tɛ^{11}lei^{33}/tɛ^{11}faŋ^{13}]	dail leib/dail fangs
熊	[tɛ^{11}ɬi^{53}]	dail dlik	鹿	[li^{35}tu^{13}paŋ^{55}/ li^{35}qa^{33}t^{h}ia^{33}]	lid dus bangx/lid ghab tiab
麂$_{黄猄}$	[li^{35}ɣu^{35}/li^{35}tiaŋ^{53}]	lid vud/lid diangk	狼	[tɛ^{11}ɬa^{35}ɣu^{35}]	dail dlad vud
豪猪	[tɛ^{11}koŋ^{55}pə^{11}ɕen^{13}]	dail gongx bel xens	黄鼠狼	[tɛ^{11}ɬiə^{33}lia^{55}]	dail dlieb liax
狐狸	[tɛ^{11}ŋa^{55}ɬa^{35}qo^{11}]	dail ngax dlad ghol	松鼠	[tɛ^{11}tɕa^{35}]	dail jad

续 表

词目	国际音标	苗文	词目	国际音标	苗文
果子狸	[tɛ^{11}ŋa^{55}qa^{33}ɣu^{35}]	dail ngax ghab vud	鼠窝	[ɣi^{11}naŋ^{11}]	vil nangl
竹鼠	[tɛ^{11}tɕə^{53}naŋ^{55}toŋ^{33}]	dail jek nangx dongb	穿山甲	[tɛ^{11}ɣo^{13}]	dail vos
水獭	[tɛ^{11}ɕ^{h}a^{33}ə^{33}]	dail hxab eb	野猪山猪	[tɛ^{11}ŋa^{55}ta^{33}]	dail ngax dab
刺猬	[koŋ^{55}pə^{11}ɕen^{13}]	gongx bel xens	野鸭	[tɛ^{11}ka^{13}ə^{33}]	dail gas eb
野鸡雉	[tɛ^{11}nioŋ^{55}]	dail niongx	眼镜蛇	[tɛ^{11}naŋ^{33}ɬiə^{35}ɬ^{h}ə^{44}]	dail nangb dlied hlet
野猫	[tɛ^{11}ɬiaŋ^{53}]	dail dliangk	草蛇红头、无毒、常吃青蛙老鼠	[tɛ^{11}naŋ^{33}tiu^{35}ni^{55}]	dail nangb diud nix
水蛇	[tɛ^{11}naŋ^{33}ə^{33}]	dail nangb eb	蟒蚺蛇	[naŋ^{33}hu^{33}]	nangb hub
四脚蛇蜥蜴	[naŋ^{33}ɕaŋ^{35}]	nangb xangd	蛇蜕	[tɛ^{11}naŋ^{33}t^{h}a^{35}u^{35}]	dail nangb tad ud
毒蛇	[naŋ^{33}qə^{55}/ naŋ^{33}ʑaŋ^{31}]	nangb ghex火烈蛇（红色）/nangb yangf其他毒蛇	老鹰	[ɬaŋ^{35}naŋ^{11}]	dlangd nangl
蛇穴	[q^{h}aŋ^{35}naŋ^{33}]	khangd nangb	猫头鹰	[qo^{33}vo^{11}so^{53}]	ghob wol sok
鹞鹰	[tɛ^{11}ʑo^{31}]	dail yof	布谷鸟	[tɛ^{11}nə^{13}po^{13}qə^{11}]	dail nes bos ghel

续 表

词目	国际音标	苗文	词目	国际音标	苗文
大雁天鹅	[tɛ^{11}ka^{13}vɛ^{55}]	dail gas waix	鹧鸪	[tɛ^{11}nioŋ^{55}paŋ^{55}/ tɛ^{11}tɕu^{44}len^{11}ta^{33}]	dail niongx bangx/ dail jut lenl dab 描述鹧鸪长嘴翻烂泥的样子
斑鸠	[tɛ^{11}qo^{33}ɣu^{35}]	dail ghob vud	鹭鸶	[tɛ^{11}ts^{h}o^{55}ɬə^{44}]	dail cox dlet
秧鸡	[tɛ^{11}qei^{33}li^{55}/ tɛ^{11}qa^{33}li^{55}ma^{11}]	dail gheib lix/dail ghab lix mal	啄木鸟	[tɛ^{11}tio^{33}tɕu^{53}tə^{44}]	dail diob juk det
燕子	[pa^{35}lio^{35}qɛ^{31}/ pa^{35}lin^{35}qɛ^{31}]	bad liod ghaif/bad lind ghaif	媒鸟	[nə^{13}ɕoŋ^{35}]	nes xongd
羽毛	[qa^{33}ɬiu^{33}nə^{13}]	ghab dliub nes	毛虫	[kaŋ^{33}nə^{35}]	gangb ned
萤火虫	[kaŋ^{33}tu^{53}tu^{11}]	gangb duk dul	蚱蜢蝗虫、蚂蚱	[kaŋ^{33}ku^{55}]	gangb gux
蟑螂	[kaŋ^{33}ɬə^{53}]	gangb dlek	蜘蛛网	[kaŋ^{33}ɣa^{13}pa^{11}]	gangb vas bal
蛀虫啃蚀木头衣服等的小虫	[kaŋ^{33}ki^{53}tə^{44}/ kaŋ^{33}tu^{11}]	gangb gik det/gangb dul	瓢虫半球形，背上有花纹	[kaŋ^{33}paŋ^{55}tə^{31}]	gangb bangx def
蜈蚣	[kaŋ^{33}k^{h}u^{53}]	gangb kuk	蟋蟀	[kaŋ^{33}tɕ^{h}aŋ^{53}]	gangb qangk

续 表

词目	国际音标	苗文	词目	国际音标	苗文
螳螂	[kaŋ^{33}ma^{11}ʑo^{11}]	gangb mal yol	臭虫	[kaŋ^{33}qei^{33}]	gangb gheib
蜣螂$_{\text{屎壳郎}}$	[kaŋ^{33}ɬin^{35}qa^{35}]	gangb dlind ghad	臭大姐$_{\text{臭屁虫}}$	[kaŋ^{33}haŋ^{44}za^{31}]	gangb hangt naf
卷叶虫	[kaŋ^{33}tɕaŋ^{35}tioŋ^{55}]	gangb jangd diongx	蝗虫	[kaŋ^{33}ku^{55}qo^{11}]	gangb gux ghol
蝼蛄	[kaŋ^{33}ts^{h}o^{44}li^{55}]	gangb cot lix	蛔虫	[kaŋ^{33}tɕoŋ^{33}pu^{55}tu^{55}]	gangb jongb bux dux
头虱$_{\text{头上的}}$	[kaŋ^{33}ɕ^{h}u^{35}]	gangb hxud	蠓$_{\text{黑色小飞虫}}$	[kaŋ^{33}ʐu^{35}qei^{33}]	gangb yud gheib
鸡虱$_{\text{鸡身上的}}$	[kaŋ^{33}m^{h}en^{33}qei^{33}]	gangb hmenb gheib	牛虱$_{\text{牛身上的}}$	[kaŋ^{33}tɛ^{35}nin^{55}]	gangb daid ninx
卵	[ki^{44}]	git	虮子$_{\text{虱子的卵}}$	[ki^{44}kaŋ^{33}tɛ^{35}]	git gangb daid
蜗牛	[kaŋ^{33}a^{53}ki^{33}]	gangb ak gib	蛆$_{\text{蝇类的幼虫}}$	[kaŋ^{44}qa^{35}]	gangt ghad
白蚁	[kaŋ^{33}zo^{13}ɬu^{33}]	gangb nos dlub	蛞蝓	[kaŋ^{33}nioŋ^{13}nia^{55}]	gangb niongs niax
蚂蚁洞	[q^{h}aŋ^{35}qaŋ^{33}zo^{13}]	khangd ghangb nos	蛾子	[kaŋ^{33}pa^{55}liə^{31}]	gangb bax lief
刺$_{\text{蜜蜂的}}$	[pə^{11}]	bel	黄蜂$_{\text{黄色细腰}}$	[kaŋ^{33}ɕi^{33}]	gangb xib

续 表

词目	国际音标	苗文	词目	国际音标	苗文
蜂蜡	[tɕaŋ^{33}]	jangb	蜂王	[lɛ^{11}qa^{33}lɛ^{11}kaŋ^{33} va^{33}/kaŋ^{33}nioŋ^{55} fu^{35}to^{44}/qa^{33}lɛ^{11} kaŋ^{33}va^{33}]	lail ghab lail gangb wab/gangb niongx fud dot 大黄蜂蜂王 / ghab lail gangb wab 蜜蜂蜂王
鱼鳔	[lɛ^{33}p^{h}o^{44}zɛ^{11}]	laib pot nail	鳃	[qa^{33}n^{h}iaŋ^{44}zɛ^{11}]	ghab hniangt nail
鱼子鱼卵	[ki^{44}zɛ^{11}]	git nail	鱼鳍	[tiu^{33}ku^{31}zɛ^{11}]	diub guf nail
鲇鱼	[zɛ^{11}ki^{33}oŋ^{35}]	nail gib ongd	鱼刺	[qa^{33}s^{h}oŋ^{35}zɛ^{11}]	ghab hsongd nail
泥鳅	[zɛ^{11}ta^{33}]	nail dab	鳝鱼黄鳝	[zɛ^{11}liə^{13}]	nail lies
螺蛳	[po^{35}ki^{33}]	bod gib	乌龟	[tɛ^{11}pə^{33}]	dail beb
蚂蝗	[kaŋ^{33}nin^{11}]	gangb ninl	蚌	[po^{35}ki^{33}mi^{11}]	bod gib mil
石蛙生活在山溪里，味美	[qaŋ^{35}ta^{33}tu^{11}]	ghangd dab dul	田鸡蛙类	[qaŋ^{35}tu^{55}zo^{55}faŋ^{55}]	ghangd dux nox fangx
蝌蚪	[ɬi^{53}qo^{31}]	dlik ghof	青蛙长腿的	[qaŋ^{35}tu^{55}zo^{55}]	ghangd dux nox

续 表

词目	国际音标	苗文	词目	国际音标	苗文
塞$_{\text{～老鼠洞}}$	[li^{35}]	lid	螯$_{\text{螃蟹～}}$	[tɕi^{11}qei^{53}tio^{33}]	jil gheik diob
公马	[pa^{35}ma^{11}]	bad mal	畜牲	[taŋ^{55}x^{h}aŋ^{11}]	dangx hvangl
马驹	[qa^{33}tɛ^{33}ma^{11}]	ghab daib mal	母马$_{\text{未下子的}}$	[mi^{31}ma^{11}]	mif mal
水牛	[tɛ^{11}nin^{55}]	dail ninx	马鬃	[tɕo^{55}s^{h}oŋ^{33}ma^{11}]	jox hsongb mal
公牛$_{\text{阉过的}}$	[pa^{35}nin^{55}s^{h}en^{44}]	bad ninx hsent	黄牛	[tɛ^{11}lio^{35}]	dail liod
牛犊	[qa^{33}tɛ^{33}nin^{55}/ qa^{33}tɛ^{33}lio^{35}]	ghab daib ninx/ghab daib liod	母牛$_{\text{未下子的}}$	[mi^{31}nin^{55}ɣaŋ^{44}/ mi^{31}lio^{35}ɣaŋ^{44}]	mif ninx vangt/mif liod vangt
牛皮	[tu^{35}nin^{55}/tu^{35}lio^{35}]	dud ninx/dud liod	牛角	[ki^{33}nin^{55}/ki^{33}lio^{35}]	gib ninx/gib liod
牛圈$_{\text{牛栏}}$	[tɕaŋ^{13}lio^{35}/ ŋə^{55}lio^{35}]	jangs liod/ngex liod	牛蹄	[tɕ^{h}en^{44}lio^{35}]	qent liod
羔羊	[qa^{33}tɛ^{33}li^{35}]	ghab daib lid	山羊	[tɛ^{11}li^{35}]	dail lid
猪菜	[ɣo^{33}pa^{44}]	vob bat	母猪$_{\text{未下子的}}$	[mi^{31}pa^{44}ɣaŋ^{44}]	mif bat vangt
泔水	[ə^{33}pa^{44}]	eb bat	猪食	[qoŋ^{35}pa^{44}]	ghongd bat

续 表

词目	国际音标	苗文	词目	国际音标	苗文
母狗$_{\text{未下子的}}$	[mi^{31}ɬa^{35}ɣaŋ^{44}]	mif dlad vangt	下$_{\text{母猪～的小猪}}$	[ɕ^{h}en^{44}]	hxent
猎狗	[ɬa^{35}tia^{13}ŋa^{55}]	dlad dias ngax	小狗	[qa^{33}tɛ^{33}ɬa^{35}]	ghab daib dlad
狗窝	[ɣi^{11}ɬa^{35}]	vil dlad	疯狗	[ɬa^{35}tsen^{33}toŋ^{33}/ ɬa^{35}tsə^{33}zo^{55}]	dlad zenb dongb/ dlad zeb nox
母鸡$_{\text{未下蛋的}}$	[mi^{31}qei^{33}ɣaŋ^{44}]	mif gheib vangt	小鸡	[qa^{33}tɛ^{33}qei^{33}]	ghab daib gheib
骟鸡$_{\text{阉鸡}}$	[qei^{33}s^{h}en^{44}]	gheib hsent	鸡冠	[qa^{33}ni^{33}qei^{33}]	ghab nib gheib
鸡嗉子	[pi^{35}qoŋ^{35}qei^{33}]	bid ghongd gheib	鸡尾	[qa^{33}tɛ^{35}qei^{33}]	ghab daid gheib
鸡窝	[ɣi^{11}qei^{33}]	vil gheib	鸬鹚$_{\text{家养，用来捕鱼}}$	[nioŋ^{55}sei^{55}]	niongx seix
城市	[tiu^{33}ʑi^{13}]	diub yis	地基	[qa^{33}tɛ^{55}tsɛ^{35}]	ghab daix zaid
堂屋	[tiu^{33}tsɛ^{35}ɬ^{h}iə^{35}]	diub zaid hlied	洗澡房	[tsɛ^{35}sa^{35}tɕi^{35}]	zaid sad jid
木房	[tsɛ^{35}tə^{44}]	zaid det	瓦房	[tsɛ^{35}p^{h}ə^{44}ŋi^{11}]	zaid pet ngil
砖房	[tsɛ^{35}ɣi^{33}ɕen^{33}]	zaid vib xenb	草棚	[tsɛ^{35}qɛ^{33}]	zaid ghaib

续 表

词目	国际音标	苗文	词目	国际音标	苗文
杉皮房	[tsɛ^{35}ko^{33}]	zaid gob	房顶	[ku^{31}tsɛ^{35}]	guf zaid
房脊	[ku^{31}tiu^{33}tsɛ^{35}]	guf diub zaid	走廊	[ki^{35}qaŋ^{33}ɕi^{11}]	gid ghangb xil
房檐	[qa^{33}tu^{44}tsɛ^{35}]	ghab dut zaid	楼梯	[tɕo^{55}tʰaŋ^{33}/ tɕo^{55}tiaŋ^{13}]	jox tangb/jox diangs
楼板	[qa^{33}pə^{55}lo^{55}]	ghab bex lox	梁	[liaŋ^{55}]	liangx
椽子	[tɕo^{55}tʰaŋ^{33}tsɛ^{35}]	jox tangb zaid	烟囱	[tioŋ^{55}ə^{33}i^{33}]	diongx eb ib
楼	[tsɛ^{35}pə^{55}lo^{55}]	zaid bex lox	门	[tiu^{55}]	diux
火塘	[qa^{33}tɕi^{33}tu^{11}]	ghab jib dul	门框	[sen^{55}tiu^{55}]	senx diux
门扣	[qa^{33}qa^{13}tiu^{55}/ qa^{33}zɛ^{13}tiu^{55}]	ghab ghas diux/ ghab nais diux	墙壁	[qa^{33}pu^{44}tsɛ^{35}]	ghab but zaid
门柱子$_{闩}$	[tɕi^{11}toŋ^{13}tiu^{55}]	jil dongs diux	木板	[liu^{11}pi^{13}]	liul bis
板壁	[pi^{13}qa^{33}pu^{44}tsɛ^{35}]	bis ghab but zaid	篾白	[qa^{33}ŋa^{55}tɕen^{44}]	ghab ngax jent
篾条	[tɕen^{44}ɬʰo^{35}]	jent hlod	篱笆	[qa^{33}ɕʰen^{44}vaŋ^{55}]	ghab hxent wangx

续 表

词目	国际音标	苗文	词目	国际音标	苗文
篾青	[qa^{33}lin^{44}tɕen^{44}]	ghab lint jent	水笕引水工具	[koŋ^{33}tə^{44}ɬo^{35}]	gongb det dlod
台阶	[qa^{33}saŋ^{55}tiə^{55}]	ghab sangx diex	桥	[tɕu^{55}]	jux
井	[vaŋ^{11}/men^{44}]	wangl/ment	石桥	[tɕu^{55}ɣi^{33}]	jux vib
桥墩	[qa^{33}toŋ^{13}tɕu^{55}]	ghab dongs jux	牢监狱	[lo^{55}]	lox
独木桥	[tɕu^{55}toŋ^{31}]	jux dongf	薯窖	[q^{h}aŋ^{35}na^{55}ə^{33}/ q^{h}aŋ^{35}na^{55}tu^{11}]	khangd nax eb/ khangd nax dul
窑	[lɛ^{33}tsɛ^{35}q^{h}aŋ^{35}ta^{33}]	laib zaid khangd dab	人家住家	[nɛ^{55}tɕu^{33}tsɛ^{35}]	naix jub zaid
凉亭	[lɛ^{33}t^{h}i^{44}]	laib tit	被里被单	[qa^{33}lin^{44}poŋ^{53}ta^{33}]	ghab lint bongk dab
被面	[qa^{33}lin^{44}poŋ^{53}vɛ^{55}]	ghab lint bongk waix	篾席	[p^{h}aŋ^{33}tin^{11}tə^{44}ɬo^{35}]	pangb dinl det dlod
毯子	[qa^{33}lin^{44}poŋ^{53}tɕaŋ^{13} ta^{33}]	ghab lint bongk jangs dab	圆桌	[tɕo^{55}ta^{55}ɬen^{55}]	jox dax dlenx
四方桌	[tɕo^{55}ta^{55}ɬo^{33}ki^{33}]	jox dax dlob gib	灯	[ten^{33}]	denb

续 表

词目	国际音标	苗文	词目	国际音标	苗文
箱子	[lɛ^{33}loŋ^{11}u^{35}]	laib longl ud	灯罩	[ten^{33}tsau^{13}]	denb zaos
灯芯	[ten^{33}ɕen^{33}]	denb xenb	长凳	[tɕo^{55}to^{31}ta^{35}]	jox dof dad
电灯	[tie^{35}ten^{33}]	dieed denb	工具	[koŋ^{33}ki^{35}]	gongb gid
草墩用稻草编的坐具	[qa^{33}po^{33}zaŋ^{55}]	ghab bob nangx	刀背	[ku^{31}tiu^{33}tiu^{53}]	guf diub diuk
刀	[tiu^{53}]	diuk	刀把儿	[tɕo^{35}tɕi^{35}tiu^{53}]	jod jid diuk
刀刃	[m^{h}i^{35}tiu^{53}]	hmid diuk	刀鞘	[na^{33}q^{h}aŋ^{33}tiu^{53}]	nab khangb diuk
刀架	[tɕo^{35}q^{h}oŋ^{13}t^{h}ia^{53} tiu^{53}]	jod khongs tiak diuk	柴刀	[sa^{44}ɕ^{h}i^{33}tu^{11}]	sat hxib dul
尖刀	[f^{h}u^{35}tiu^{53}]	hfud diuk	磨刀石	[lɛ^{33}ɣi^{33}x^{h}ə^{35}]	laib vib hved
剃头刀	[tiaŋ^{33}tiu^{53}t^{h}i^{44}q^{h}o^{33}]	diangb diuk tit khob	桶水~	[tɕi^{11}ti^{31}]	jil dif
大桶用于洗澡的大木桶	[lɛ^{33}t^{h}ə^{33}]	laib teb	箍儿	[tɕo^{55}tɕen^{44}t^{h}ə^{33}]	jox jent teb

续 表

词目	国际音标	苗文	词目	国际音标	苗文
瓮 酒瓮	[lɛ^{33}oŋ^{44}]	laib ongt	水缸	[lɛ^{33}kaŋ^{33}ə^{33}]	laib gangb eb
水槽 蓄水用的木槽	[tɕo^{55}ɬioŋ^{33}ə^{33}]	jox dliongb eb	贮水槽	[qa^{33}niaŋ^{55}oŋ^{44}]	ghab niangx ongt
水筒 竹筒制成，供舀水用	[lɛ^{33}ha^{33}tə^{44}ɬ^{h}o^{35}]	laib hab det hlod	射水筒 儿童玩具，用竹筒制成，能滋水，原理与打气筒同	[tioŋ^{55}ɣi^{13}ə^{33}]	diongx vis eb
叉子	[tiaŋ^{33}qa^{33}t^{h}ia^{33}]	diangb ghab tiab	铲子	[tiaŋ^{33}ɬiə^{35}]	diangb dlied
罐子	[t^{h}o^{53}qa^{33}zɛ^{55}]	tok ghab naix	杯子	[lɛ^{33}ŋə^{33}]	laib ngeb
茶杯	[ŋə^{33}hə^{53}tɕen^{11}]	ngeb hek jenl	酒杯	[ŋə^{33}hə^{53}tɕu^{35}]	ngeb hek jud
茶盘	[lɛ^{33}ɬia^{33}ɕu^{53}ə^{33}tɕen^{11}]	laib dliab xuk eb jenl	壶	[lɛ^{33}hə^{33}/lɛ^{33}t^{h}o^{53}]	laib heb/laib tok
茶壶	[lɛ^{33}t^{h}o^{53}p^{h}i^{33}tɕen^{11}]	laib tok pib jenl	酒壶	[hə^{33}tɕu^{35}]	heb jud
塞子 瓶~	[lɛ^{33}qa^{33}mə^{13}t^{h}o^{53}]	laib ghab mes tok	砧板	[lɛ^{33}pə^{55}q^{h}a^{33}]	laib bex khab
铁锅	[lɛ^{33}vi^{11}ɬ^{h}ə^{44}]	laib wil hlet	炒菜锅	[lɛ^{33}vi^{11}ka^{33}ɣo^{33}]	laib wil gab vob
鼎锅	[lɛ^{33}ɬo^{55}]	laib dlox	锅铲	[ɬiə^{35}ɬ^{h}ə^{44}]	dlied hlet

续 表

词目	国际音标	苗文	词目	国际音标	苗文
锅耳	[qa^{33}zɛ^{55}vi^{11}]	ghab naix wil	锅盖	[qa^{33}mə^{13}vi^{11}/pə^{55}mə^{13}vi^{11}]	ghab mes wil/bex mes wil
盒子	[lɛ^{33}loŋ^{11}]	laib longl	蒸笼	[lɛ^{33}loŋ^{11}tɕi^{33}tɕə^{35}]	laib longl jib jed
甑子	[lɛ^{33}ɕi^{44}]	laib xit	甑箅子	[qa^{33}zɛ^{55}ɕi^{44}]	ghab naix xit
饭碗	[lɛ^{33}ti^{44}naŋ^{55}ka^{35}]	laib dit nangx gad	菜碗	[lɛ^{33}ɬia^{33}ɣo^{33}]	laib dliab vob
竹碗竹制或木制，一般小孩用	[lɛ^{33}ti^{44}tə^{44}ɬ^{h}o^{35}]	laib dit det hlod	竹饭盒	[lɛ^{33}ɕ^{h}i^{53}ka^{35}]	laib hxik gad
碗柜	[lɛ^{33}loŋ^{11}tɕa^{13}ti^{44}]	laib longl jas dit	筷子头	[qa^{33}f^{h}u^{35}tiu^{13}]	ghab hfud dius
筷筒	[k^{h}u^{33}tiu^{13}kɛ^{35}]	kub dius gaid	盘子	[lɛ^{33}ɬia^{33}]	laib dliab
碟子	[lɛ^{33}ɬia^{33}]	laib dliab	勺子	[lɛ^{33}tio^{31}]	laib diof
饭勺	[tio^{31}ka^{35}]	diof gad	饭锹盛饭用具，木制，形似铁锹	[ɬiə^{35}ka^{35}]	dlied gad
笊篱	[qa^{44}qo^{33}]	ghat ghob	瓜刨用来去瓜皮等的工具	[tiaŋ^{33}tiu^{53}tɕ^{h}in^{53}lin^{44}]	diangb diuk qink lint

续 表

词目	国际音标	苗文	词目	国际音标	苗文
漏斗	[lə^{35}tə^{55}]	led dex	酒提	[ti^{44}li^{55}tɕu^{35}]	dit lix jud
酒筒竹筒制成，只有一个小洞出入	[tioŋ^{55}tɕu^{35}]	diongx jud	洗锅刷丝瓜瓤	[tiə^{33}sa^{35}vi^{11}]	dieb sad wil
端锅布	[tɕ^{h}u^{33}qa^{33}zɛ^{55}vi^{11}]	qub ghab naix wil	抹布	[tɕ^{h}u^{33}ɕ^{h}aŋ^{44}ta^{55}]	qub hxangt dax
盆	[kaŋ^{31}]	gangf	脚盆	[kaŋ^{31}sa^{35}lɛ^{33}]	gangf sad laib
炉子	[lu^{31}tsɿ^{55}]	luf zix	风箱	[lɛ^{33}t^{h}oŋ^{35}ɣi^{11}tɕen^{44}]	laib tongd vil jent
吹火筒	[tioŋ^{55}ts^{h}o^{33}tu^{11}]	diongx cob dul	生柴	[tu^{11}niu^{11}]	dul niul
干柴	[tu^{11}ŋa^{13}]	dul ngas	棒棒柴从长条柴火上截下的一段柴火	[tu^{11}qa^{33}tiaŋ^{33}]	dul ghab diangb
枝桠柴	[tu^{11}qa^{33}ts^{h}ei^{33}]	dul ghab ceib	劈柴名词，呈状的柴	[tu^{11}qa^{33}p^{h}a^{33}]	dul ghab pab
柴火头烧剩下的一段柴火	[qa^{33}ɬ^{h}u^{35}tu^{11}]	ghab hfud dul	木渣子砍树劈柴剩下的碎木块	[p^{h}ei^{44}ɬ^{h}ei^{44}to^{44}]	peit hleit dot

续 表

词目	国际音标	苗文	词目	国际音标	苗文
锯木	[qa^{33}ɬ^{h}ia^{35}tɕi^{53}]	ghab hliad jik	火石	[po^{35}ɣi^{33}tu^{11}]	bod vib dul
火把	[qa^{33}pa^{33}tu^{11}]	ghab bab dul	灯笼	[lɛ^{33}ten^{33}tu^{35}]	laib denb dud
火笼烤火用	[lɛ^{33}lu^{13}tu^{11}]	laib lus dul	火盆	[ho^{55}p^{h}en^{31}]	hox penf
火钳	[qei^{53}tu^{11}]	gheik dul	扒火棍	[tə^{44}tɕ^{h}a^{33}tu^{11}]	det qab dul
三脚架	[fu^{55}liu^{55}tɕi^{33}]	fux liux jib	食槽	[lɛ^{33}ɬioŋ^{33}]	laib dliongb
篮子	[tɕi^{11}k^{h}en^{44}]	jil kent	提手	[tɕo^{55}fu^{55}k^{h}en^{44}]	jox fux kent
竹扫帚	[tiaŋ^{33}tiə^{33}qa^{33}ts^{h}ei^{33} ɬ^{h}o^{35}]	diangb dieb ghab ceib hlod	赶鸡棍将竹竿的一端破成小条，摇动时能发出响声借以驱赶家禽	[tiaŋ^{33}tə^{44}tia^{13}qei^{33}/ tiaŋ^{33}tsen^{53}tia^{13}qei^{33}]	diangb det dias gheib/diangb zenk dias gheib
竹竿	[tɕo^{55}ʑe^{55}ɬ^{h}o^{35}]	jox yex hlod	竹筒	[lɛ^{33}tioŋ^{55}ɬ^{h}o^{35}]	laib diongx hlod
桩子钉在地上的木棍或石柱	[lɛ^{33}qa^{33}ɕə^{53}]	laib ghab xek	钩子	[lɛ^{33}qa^{44}qo^{11}]	laib ghat ghol
草绳	[tɕo^{55}ɬ^{h}a^{44}ɕ^{h}u^{33}]	jox hlat hxub	麻绳	[tɕo^{55}ɬ^{h}a^{44}no^{13}]	jox hlat nos

续 表

词目	国际音标	苗文	词目	国际音标	苗文
棕绳	[$tɕo^{55}ɬ^{h}a^{44}s^{h}o^{33}$]	jox hlat hsob	缰绳	[$ɬ^{h}a^{44}qa^{33}zɛ^{13}$]	hlat ghab nais
链子	[$tɕo^{55}s^{h}u^{35}$]	jox hsud	杵春~	[$qa^{44}liu^{33}tɕə^{35}$]	ghat liub jed
包袱	[$pau^{33}fu^{31}$]	baob fuf	麻袋	[$tɛ^{31}no^{13}$]	daif nos
钟	[$tsoŋ^{33}$]	zongb	玻璃	[$maŋ^{13}n^{h}ɛ^{33}$]	mangs hnaib
镜子	[$maŋ^{13}n^{h}ɛ^{33}$]	mangs hnaib	篦子	[$tiaŋ^{33}tɕ^{h}i^{53}q^{h}o^{33}$]	diangb qik khob
扇子	[$tiaŋ^{33}zen^{31}$]	diangb nenf	楔子	[$lɛ^{33}ɕen^{53}$]	laib xenk
漆	[$s^{h}ei^{53}$]	hseik	颜料	[$tɕa^{33}s^{h}en^{35}u^{35}$/ $tɕa^{33}s^{h}en^{35}m^{h}u^{33}$]	jab hsend ud/jab hsend hmub
米筒用来量米的	[$ti^{33}li^{55}s^{h}ɛ^{35}$]	dib lix hsaid	斗名词	[to^{35}]	dod
尺子	[$tiaŋ^{33}tɕ^{h}i^{53}u^{35}$]	diangb qik ud	钓竿	[$tiaŋ^{33}tə^{44}nen^{44}zɛ^{11}$]	diangb det nent nail
网	[$p^{h}aŋ^{33}pa^{11}$]	pangb bal	鱼叉	[$tiaŋ^{33}x^{h}a^{33}zɛ^{11}$]	diangb hvab nail
鱼篓装鱼具	[$lɛ^{33}ti^{33}zɛ^{11}$]	laib dib nail	鱼笱竹制的捕鱼具，口小且有倒须，鱼进去出不来	[$lɛ^{33}ts^{h}a^{44}zɛ^{11}$]	laib cat nail

续 表

词目	国际音标	苗文	词目	国际音标	苗文
鱼梁竹制的平面捕鱼具，往往摆放在水流湍急处，鱼游过时被搁浅在器具上	[$l\varepsilon^{33}\c{c}o^{11}z\varepsilon^{11}$]	laib xol nail	鱼钩	[$l\varepsilon^{33}qa^{44}qo^{33}nen^{44}z\varepsilon^{11}$]	laib ghat ghob nent nail
钓线	[$t\c{c}o^{55}f^{h}ə^{35}nen^{35}z\varepsilon^{11}$]	jox hfed nend nail	凿子	[$tia\eta^{33}so^{13}$]	diangb sos
锯子	[$tia\eta^{33}t\c{c}i^{53}$]	diangb jik	锥子	[$tia\eta^{33}tsen^{33}q^{h}a^{44}$]	diangb zenb khat
锉	[$tia\eta^{33}s^{h}u^{44}$]	diangb hsut	刨子	[$tia\eta^{33}t^{h}\varepsilon^{33}$]	diangb taib
钻子	[$tia\eta^{33}lei^{13}$]	diangb leis	木马	[$t\varepsilon^{11}ma^{11}tə^{44}$]	dail mal tet
墨斗	[$ɬio\eta^{33}zo^{55}$]	dliongb nox	套索捕兽用的绳索	[$ti^{44}m\varepsilon^{13}fu^{11}$]	dit mais ful
铁夹捕兽用的夹子	[$l\varepsilon^{33}t\c{c}a^{31}ɬ^{h}ə^{44}$]	laib jaf hlet	圈套	[$l\varepsilon^{33}m\varepsilon^{13}fu^{11}$]	laib mais ful
石板套子用石板支撑起来的捕鼠工具	[$l\varepsilon^{33}t\c{c}a^{31}na\eta^{11}$]	laib jaf nangl	弩	[$tia\eta^{33}q^{h}a\eta^{33}$]	diangb khangb
弓	[$tia\eta^{33}n^{h}\varepsilon^{35}$]	diangb hnaid	剑	[$tia\eta^{33}tiu^{53}o^{33}p^{h}a^{44}m^{h}i^{35}$]	diangb diuk ob pat hmid

续 表

词目	国际音标	苗文	词目	国际音标	苗文
箭	[tiaŋ^{33}n^{h}en^{35}/ tiu^{55}n^{h}en^{35}]	diangb hnend/diux hnend	鸟枪	[tɕi^{11}p^{h}o^{44}paŋ^{35}nə^{13}]	jil pot bangd nes
枪	[tiaŋ^{33}x^{h}aŋ^{33}]	diangb hvangb	铜帽鸟枪上发火用的帽状物	[tɕi^{11}p^{h}o^{44}qa^{33}zɛ^{13}]	jil pot ghab nais
枪膛	[qa^{33}tɕ^{h}u^{33}p^{h}o^{44}]	ghab qub pot	炮	[p^{h}o^{44}qa^{33}ɕ^{h}u^{35}tu^{11}/ p^{h}o^{44}ɬ^{h}iə^{33}]	pot ghab hxud dul/ pot hlieb
扳机鸟枪上的	[qa^{33}lin^{53}p^{h}o^{44}]	ghab link pot	子弹	[qa^{33}n^{h}iu^{33}p^{h}o^{44}]	ghab hniub pot
炸弹	[tsa^{35}tɛ^{35}]	zad daid	铁砂	[qa^{33}n^{h}iu^{33}ɕ^{h}a^{33}]	ghab hniub hxab
火药	[tɕa^{33}p^{h}o^{44}]	jab pot	马笼头	[liaŋ^{55}to^{55}ma^{11}]	liangx dox mal
鞍子	[en^{33}ma^{11}]	enb mal	织布机	[lɛ^{33}saŋ^{55}to^{53}]	laib sangx dok
鞭子	[tsen^{53}tia^{13}ma^{11}]	zenk dias mal	梭子	[lɛ^{33}tioŋ^{33}ɦ^{h}ə^{35}]	laib diongb hfed
纺车	[lɛ^{33}ɕ^{h}ə^{35}ɣə^{11}]	laib hxed vel	线	[ɦ^{h}ə^{35}]	hfed
顶针	[qa^{33}ta^{35}pi^{11}]	ghab dad bil	车	[tɕo^{55}ts^{h}e^{33}]	jox ceeb

续 表

词目	国际音标	苗文	词目	国际音标	苗文
轿子	[lɛ^{33}tɕə^{13}]	laib jes	木车	[ts^{h}e^{33}tə^{44}]	ceeb det
牛车	[ts^{h}e^{33}lio^{35}]	ceeb liod	船桨	[ɬiə^{35}niaŋ^{55}]	dlied niangx
船	[tɕo^{55}niaŋ^{55}]	jox niangx	篙子撑船用的竹竿	[tə^{44}tɕ^{h}a^{33}niaŋ^{55}]	det qab niangx
舵	[qa^{33}tɛ^{35}pa^{55}niaŋ^{55}]	ghab daid bax niangx	飞机	[fei^{33}tɕi^{33}]	feib jib
木筏	[tɕo^{55}pa^{55}tə^{44}]	jox bax det	拐杖	[tiaŋ^{33}tə^{44}nia^{13}]	diangb det nias
烟斗旱～	[lɛ^{33}tioŋ^{55}ʑen^{33}]	laib diongx yenb	布	[m^{h}u^{33}]	hmub
电池	[tie^{35}ts^{h}ɿ^{31}]	dieed cif	幅面专指布匹	[qa^{33}mɛ^{13}m^{h}u^{33}]	ghab mais hmub
麻布	[m^{h}u^{33}no^{13}]	hmub nos	丝	[f^{h}ə^{35}kaŋ^{33}a^{55}]	hfed gangb ax
绸子	[tɕi^{44}s^{h}ɛ^{33}]	jit hsaib	纱	[qa^{33}po^{35}f^{h}ə^{35}]	ghab bod hfed
丝线	[f^{h}ə^{35}kaŋ^{33}]	hfed gangb	单衣	[u^{35}liaŋ^{55}]	ud liangx
头绳	[ɬ^{h}a^{44}q^{h}ei^{33}q^{h}o^{33}]	hlat kheib khob	长衫	[u^{35}ta^{35}]	ud dad
夹衣	[u^{35}qo^{11}moŋ^{11}]	ud ghol mongl	对襟衣	[u^{35}s^{h}u^{35}po^{33}qa^{33}mɛ^{13}]	ud hsud bob ghab mais

续 表

词目	国际音标	苗文	词目	国际音标	苗文
大襟衣	[u^{35}ta^{35}mə^{13}ti^{13}]	ud dad mes dis	衣襟	[qa^{33}nin^{13}u^{35}]	ghab nins ud
上衣	[u^{35}p^{h}a^{44}vɛ^{53}]	ud pat waik	衣边儿	[qa^{33}tu^{44}u^{35}]	gab dut ud
衣领	[qa^{33}ɬo^{53}u^{35}]	ghab dlok ud	衣镶边儿	[tɕo^{55}pa^{55}kaŋ^{33}]	jox bax gangb
衣筋衣服的缝合处	[tɕo^{55}s^{h}oŋ^{35}u^{35}]	jox hsongd ud	腰带	[tɕo^{55}ɬ^{h}a^{44}u^{35}]	jox hlat ud
带子绣花带、棉纱带	[tɕo^{55}ɬ^{h}a^{44}kaŋ^{33}]	jox hlat gangb	穗儿装在衣服或头饰上的穗装饰物	[qa^{33}tsen^{31}]	ghab zenf
裤腰	[f^{h}u^{35}ɕ^{h}en^{44}q^{h}ə^{44}]	hfud hxent khet	裤带	[ɬ^{h}a^{44}q^{h}ə^{44}]	hlat khet
裤裆	[qa^{33}pə^{55}q^{h}ə^{44}]	ghab bex khet	裙子	[q^{h}u^{53}]	khuk
花裙	[q^{h}u^{53}tu^{11}paŋ^{55}]	khuk dul bangx	裙带丝线织成	[ɬ^{h}a^{44}q^{h}u^{53}]	hlat khuk
纽子	[po^{35}ni^{13}]	bod nis	扣眼儿	[q^{h}aŋ^{35}u^{35}]	khangd ud
头巾女的	[tɕ^{h}u^{33}q^{h}o^{33}]	qub khob	帕子男的	[ɕ^{h}ə^{53}q^{h}o^{33}]	hxek khob
手套	[t^{h}o^{44}pi^{11}/ sə^{33}t^{h}au^{35}]	tot bil/seb taod	裹腿	[tɕi^{11}t^{h}iu^{33}]	jil tiub

续　表

词目	国际音标	苗文	词目	国际音标	苗文
鞋底	[qa^{33}p^{h}a^{33}ha^{33}]	ghab pab hab	草鞋	[ha^{33}qa^{35}loŋ^{35}/ ha^{33}na^{55}]	hab ghad longd/hab nax
草鞋耳	[qa^{33}zɛ^{55}ha^{33}/ qa^{33}li^{13}ha^{33}]	ghab naix hab/ghab lis hab	木拖鞋	[ha^{33}tə^{44}]	hab det
布鞋	[ha^{33}tɕ^{h}u^{33}]	hab qub	皮鞋	[ha^{33}tu^{35}lio^{35}]	hab dud liod
球鞋	[ha^{33}ti^{33}tɕ^{h}u^{31}]	hab dib quf	襻	[tɕo^{55}qa^{33}nin^{13}ha^{33}]	jox ghab nins hab
背带背小孩用的	[p^{h}aŋ^{33}pi^{33}]	pangb bib	襁褓背被，背小孩用	[p^{h}aŋ^{33}pi^{33}a^{53}nia^{53}]	pangb bib ak niak
围嘴儿	[lɛ^{33}pə^{55}liə^{13}]	laib bex lies	草帽	[mo^{13}qa^{33}loŋ^{35}qɛ^{35} ma^{11}]	mos ghab longd ghaid mal
斗笠	[mo^{13}kaŋ^{33}ɕi^{33}/ mo^{13}tu^{35}ʑu^{55}]	mos gangb xib/mos dud yux	蓑衣	[p^{h}aŋ^{33}s^{h}o^{33}]	pangb hsob
薄膜塑料制成，遮风挡雨用	[po^{31}mo^{31}]	bof mof	簪子	[tiaŋ^{33}sen^{44}]	diangb sent

续 表

词目	国际音标	苗文	词目	国际音标	苗文
耳环	[ɬ^{h}in^{33}qa^{33}zɛ^{55}]	hlinb ghab naix	项圈	[tɕi^{11}ɬ^{h}in^{33}]	jil hlinb
项链	[s^{h}u^{35}ni^{55}]	hsud nix	珠子	[qa^{33}po^{35}tsen^{35}tə^{35}]	ghab bod zend ded
手表	[sə^{55}piau^{55}]	sex biaox	眼镜儿	[maŋ^{13}n^{h}ɛ^{33}/ maŋ^{13}ə^{33}]	mangs hnaib/mangs eb
发髻	[po^{35}f^{h}u^{35}]	bod hfud	行李	[haŋ^{33}to^{11}paŋ^{31}po^{33} fu^{31}u^{35}tɕ^{h}u^{33}ki^{35}koŋ^{33}]	hangb dol bangf bob fuf ud qub gid gongb 描述性的表述，指“出远门时，用帕子包裹物品结成的包袱”
民族服装	[u^{35}m^{h}u^{33}/u^{35}qa^{55}nə^{13}]	ud hmub/ud ghax nes	汉装	[u^{35}tiə^{11}]	ud diel
新娘装	[u^{35}moŋ^{11}q^{h}a^{44}]	ud mongl khat	新郎装	[u^{35}ʑaŋ^{11}niaŋ^{33}]	ud yangl niangb
凤冠女子出嫁时头戴的礼帽	[nə^{13}ni^{55}]	nes nix	早饭	[ka^{35}ta^{44}]	gad dat
饭	[ka^{35}]	gad	晚饭	[ka^{35}m^{h}aŋ^{44}]	gad hmangt
午饭	[ka^{35}n^{h}ɛ^{33}]	gad hnaib	红薯饭	[ka^{35}na^{55}ə^{33}/ ka^{35}na^{55}tu^{11}]	gad nax eb/gad nax dul

续 表

词目	国际音标	苗文	词目	国际音标	苗文
玉米饭	[ka^{35}vaŋ^{55}/ ka^{35}tiə^{11}]	gad wangx/gad diel	饭粒	[qa^{33}niu^{13}ka^{35}]	ghab nius gad
夹生饭	[ka^{35}ɬaŋ^{44}ɬo^{33}]	gad dlangt dlob	饭皮大米饭冷却后表面结成的一层硬皮	[qa^{33}ɬ^{h}u^{53}ka^{35}]	ghab hluk gad
米汤	[ə^{33}ka^{35}]	eb gad	糊味	[haŋ^{44}ɕo^{33}]	hangt xob
锅巴	[qa^{33}n^{h}iaŋ^{33}ka^{35}]	ghab hniangb gad	粉条	[fen^{55}t^{h}io^{31}]	fenx tiof
米粉	[fen^{55}ka^{35}]	fenx gad	米花糖	[taŋ^{31}p^{h}u^{35}m^{h}o^{35}]	dangf pud hmod
糍粑	[tɕə^{35}]	jed	糖	[taŋ^{31}]	dangf
糕	[tɕə^{35}p^{h}o^{44}vo^{13}]	jed pot wos	白糖	[taŋ^{31}ɬu^{33}]	dangf dlub
红糖	[taŋ^{31}ɕo^{53}]	dangf xok	月饼	[vei^{31}pin^{55}]	weif binx
饼	[tɕə^{35}qa^{33}ɬei^{31}]	jed ghab dleif	红薯干儿	[na^{55}ə^{33}ŋa^{13}/ na^{55}ə^{33}lia^{53}]	nax eb ngas/nax eb liak
果子	[tsen^{35}]	zend	酸菜	[ɣaŋ^{35}ɕ^{h}u^{33}]	vangd hxub

续 表

词目	国际音标	苗文	词目	国际音标	苗文
夹生红薯半生不熟	[na^{55}ə^{33}ɬaŋ^{44}ɬo^{33}]	nax eb dlangt dlob	豆腐乳	[mei^{31}tə^{35}fu^{55}]	meif ded fux
豆腐干	[tə^{31}hə^{44}ŋa^{13}]	def het ngas	瘦肉	[ŋa^{55}lin^{11}]	ngax linl
肉食用	[ŋa^{55}]	ngax	鸡爪子	[lo^{33}pi^{11}ken^{44}qei^{33}]	lob bil gent gheib
腊肉	[ŋa^{55}ʑen^{33}]	ngax yenb	咸鱼	[zɛ^{11}to^{55}ɕi^{35}]	nail dox xid
鸡肫胃	[pu^{53}tu^{55}qei^{33}]	buk dux gheib	鲊放在坛里腌制的鱼肉等	[zɛ^{11}ɕu^{11}]	nail xul
干鱼	[zɛ^{11}ŋa^{13}]	nail ngas	鸭蛋	[ki^{44}ka^{13}]	git gas
蛋	[ki^{44}]	git	蛋黄	[qa^{33}tɕen^{33}ki^{44}]	ghab jenb git
鸟蛋	[ki^{44}nə^{13}]	git nes	蛋壳	[qa^{33}q^{h}u^{33}ki^{44}/ qa^{33}lin^{44}ki^{44}]	ghab khub git/ghab lint git
蛋清	[qa^{33}ɬ^{h}a^{44}ki^{44}]	ghab hlat git	寡蛋	[ki^{44}qo^{55}]	git ghox
双黄蛋	[ki^{44}qa^{33}poŋ^{11}/ ki^{44}o^{33}tɕ^{h}oŋ^{35}]	git ghab bongl/git ob qongd	软蛋	[ki^{44}qa^{33}ɬ^{h}u^{53}]	git ghab hluk

续 表

词目	国际音标	苗文	词目	国际音标	苗文
汤	[ə^{33}tsa^{13}]	eb zas	油动物油	[tiaŋ^{55}]	diangx
油植物、矿物炼的	[ə^{33}ʑu^{55}]	eb yux	茶油	[ə^{33}ʑu^{55}tɕen^{11}]	eb yux jenl
油渣	[qa^{35}ɬ^{h}ia^{35}ə^{33}ʑu^{55}]	ghad hliad eb yux	豆豉	[tə^{31}ɕi^{44}]	def xit
酱	[tɕaŋ^{35}]	jangd	碱水	[ə^{33}ɕ^{h}u^{35}]	eb hxud
烟卷儿	[ʑen^{33}tɕaŋ^{13}]	yenb jangs	烟丝	[tiaŋ^{33}tiu^{53}x^{h}u^{33}paŋ^{31} qa^{33}p^{h}en^{33}ʑen^{33}]	diangb diuk hvub bangf ghab penb yenb
酒	[tɕu^{35}]	jud	米酒	[tɕu^{35}qa^{33}s^{h}ɛ^{35}/ tɕu^{35}ka^{35}na^{55}]	jud ghab hsaid/jud gad nax
酒娘酒槽里自然渗出的汁水，初味甜，久之则味苦	[ə^{33}m^{h}ɛ^{35}tɕu^{35}]	eb hmaid jud	酒曲酒药	[qa^{33}pen^{35}tɕu^{35}]	ghab bend jud
红薯酒	[tɕu^{35}na^{55}tu^{11}/ tɕu^{35}na^{55}ə^{33}]	jud nax dul/jud nax eb	牛奶	[ə^{33}və^{11}lio^{35}]	eb wel liod

续 表

词目	国际音标	苗文	词目	国际音标	苗文
酒糟	[qa^{33}pɛ^{13}tɕu^{35}]	ghab bais jud	熏~肉	[tɕ^{h}u^{33}]	qub
饭包到远处干活时，因不能回家吃午饭，而携带的打包的午饭	[qa^{33}po^{35}ka^{35}poŋ^{55}/ qa^{33}po^{35}ka^{35}n^{h}ɛ^{33}]	ghab bod gad bongx/ghab bod gad hnaib	煮~肉	[ɬo^{44}/lio^{11}ə^{33}]	dlot/liol eb
腌~鱼	[ʑen^{33}]	yenb	身体	[tɕo^{55}tɕi^{35}]	jox jid
滋味	[ɕen^{13}/ɬiu^{44}]	味淡 xens/ 味浓 dliut 无对应说法，只分项说“味淡、味浓”	白发	[ɬu^{33}ɬu^{33}q^{h}o^{33}]	dlub dlub khob
花瓣	[qa^{33}tɛ^{35}mi^{11}]	ghab daid mil	脑髓	[qa^{33}ɬ^{h}a^{33}q^{h}o^{33}]	ghab hlab khob
头顶	[lɛ^{33}ku^{31}q^{h}o^{33}]	laib guf khob	囟门	[f^{h}u^{35}s^{h}u^{53}]	hfud hsuk
太阳穴	[qa^{33}ki^{33}q^{h}o^{33}]	ghab gib khob	睫毛	[qa^{33}ɕ^{h}i^{53}mɛ^{13}]	ghab hxik mais
瞳仁	[tɛ^{11}nia^{53}mɛ^{13}]	dail niak mais	耳屎	[qa^{35}qo^{31}zɛ^{55}]	ghad ghof naix
眼屎	[qa^{35}nia^{11}mɛ^{13}]	ghad nial mais	耳垂	[qa^{33}nə^{55}zɛ^{55}]	ghab nex naix
耳穴	[q^{h}aŋ^{35}zɛ^{55}]	khangd naix	鼻尖	[qa^{33}niu^{55}zɛ^{13}]	ghab niux nais

续 表

词目	国际音标	苗文	词目	国际音标	苗文
鼻梁	[ɣaŋ^{55}tioŋ^{55}zɛ^{13}]	vangx diongx nais	人中	[qa^{33}ni^{33}lo^{44}]	ghab nib lot
鼻孔	[q^{h}aŋ^{35}zɛ^{13}]	khangd nais	腮帮子	[qaŋ^{33}qaŋ^{55}]	ghangb ghangx
颧骨	[qa^{33}ku^{11}maŋ^{11}]	ghab gul mangl	舌尖	[qa^{33}nia^{31}]	ghab niaf
酒窝儿	[qa^{33}vi^{53}tɕu^{35}]	ghab wik jud	小舌	[fu^{35}ku^{31}nia^{31}]	fud guf niaf
舌根	[qa^{33}qa^{33}nia^{31}]	ghab ghab niaf	门齿	[m^{h}i^{35}f^{h}u^{35}niu^{55}]	hmid hfud niux
牙龈	[qa^{33}zɛ^{55}m^{h}i^{35}]	ghab naix hmid	犬齿	[m^{h}i^{35}ɬa^{35}]	hmid dlad
臼齿	[m^{h}i^{35}qa^{33}pen^{53}]	hmid ghab benk	上颚	[qa^{33}n^{h}iaŋ^{44}lo^{44}]	ghab hniangt lot
虎牙暴牙	[m^{h}i^{35}soŋ^{35}]	hmid songd	后颈窝	[qa^{33}ɬ^{h}ioŋ^{53}ku^{11}]	ghab hliongk gul
喉结	[pi^{35}qoŋ^{35}]	bid ghongd	手掌	[p^{h}a^{33}pi^{11}]	pab bil
胳肢窝	[q^{h}aŋ^{35}vu^{31}ɕə^{44}]	khangd wuf xet	手心	[qa^{33}ɬiu^{35}pi^{11}]	ghab dliud bil
手掌纹	[qa^{33}ki^{35}pi^{11}]	ghab gid bil	手背	[ku^{31}p^{h}a^{33}pi^{11}]	guf pab bil
手腕子	[qa^{33}qoŋ^{35}pi^{11}]	ghab ghongd bil	手脉	[qa^{33}ɕ^{h}i^{35}pi^{11}/ ki^{35}ɕ^{h}aŋ^{35}pi^{11}]	ghab hxid bil/gid hxangd bil

续 表

词目	国际音标	苗文	词目	国际音标	苗文
六指	[tsʰɛ^{44}li^{33}pi^{11}]	cait lib bil	指纹	[qa^{33}ki^{35}pi^{11}]	ghab gid bil
斗圆形指纹	[vi^{53}pi^{11}]	wik bil	箕长形指纹	[ʑa^{13}pi^{11}]	yas bil
虎口大拇指、食指间的手叉	[qa^{33}tʰia^{33}pi^{11}]	ghab tiab bil	肘	[qa^{33}li^{33}ɕʰen^{33}]	ghab lib hxenb
奶头	[qa^{33}niu^{55}və^{11}]	ghab niux wel	奶汁	[ə^{33}və^{11}]	eb wel
胸脯	[kaŋ^{33}kə^{53}]	gangb gek	心脏心	[fʰu^{35}ɬiu^{35}]	hfud dliud
肺	[fʰu^{44}zɛ^{13}pʰu^{33}]	hfut nais pub	胃肚子	[lɛ^{33}qa^{33}tɕʰu^{33}/ lɛ^{33}pu^{55}tu^{55}]	laib ghab qub/laib bux dux
腰	[qa^{33}ɬa^{35}]	ghab dlad	肝	[fʰu^{44}zɛ^{13}tɕoŋ^{44}]	hfut nais jongt
胆苦胆	[lɛ^{33}ɕen^{33}]	laib xenb	脾	[kaŋ^{33}paŋ^{44}]	gangb bangt
肾腰子	[lɛ^{33}tiu^{31}]	laib diuf	肠子	[qa^{35}qo^{31}]	ghad ghof
盲肠	[qa^{35}qo^{31}lu^{11}]	ghad ghof lul	膀胱尿泡	[tsʰa^{35}va^{11}]	cad wal
大腿	[qa^{33}pa^{33}]	ghab bab	小腿	[tiu^{11}ŋaŋ^{11}]	diul ngangl

续表

词目	国际音标	苗文	词目	国际音标	苗文
腿肚子	[ŋa^{55}tʰu^{53}ŋaŋ^{11}]	ngax tuk ngangl	脚掌	[qa^{33}pʰa^{33}lɛ^{33}]	ghab pab laib
脚心	[ɬiu^{35}lɛ^{33}]	dliud laib	脚背	[ku^{31}pʰa^{33}lɛ^{33}]	guf pab laib
脚指头	[qa^{33}ta^{35}lɛ^{33}]	ghab dad laib	脚后跟	[qa^{33}lia^{55}lɛ^{33}]	ghab liax laib
睾丸	[lɛ^{33}ki^{44}/po^{35}ki^{44}]	laib git/bod git	脚踝	[po^{35}ki^{44}qei^{33}lɛ^{33}]	bod git gheib laib
骨节$_{\text{关节}}$	[qa^{33}qu^{44}sʰoŋ^{35}]	ghab ghut hsongd	骨头	[poŋ^{35}sʰoŋ^{35}]	bongd hsongd
头盖骨	[poŋ^{35}sʰoŋ^{35}qʰo^{33}]	bongd hsongd khob	骨髓	[tiaŋ^{55}sʰoŋ^{35}]	diangx hsongd
脊椎骨	[tɕo^{55}tiu^{33}ku^{31}]	jox diub guf	肩胛骨	[poŋ^{35}sʰoŋ^{35}ɬaŋ^{33}]	bongd hsongd dlangb
肋骨	[sʰoŋ^{35}taŋ^{35}]	hsongd dangd	软骨	[sʰoŋ^{35}ɣaŋ^{44}]	hsongd vangt
筋	[ɕʰi^{35}]	hxid	脉搏	[tɕo^{55}ɕʰi^{35}qoŋ^{35}pi^{11}]	jox hxid ghongd bil
血	[ɕʰaŋ^{35}]	hxangd	血管	[ki^{35}ɕʰaŋ^{35}]	gid hxangd
肌肉	[po^{35}ŋa^{55}lin^{11}]	bod ngax linl	皮肤	[qa^{33}tu^{35}]	ghab dud
毛	[qa^{33}ɬiu^{33}]	ghab dliub	寒毛$_{\text{汗毛}}$	[qa^{33}ɬiu^{33}moŋ^{11}]	ghab dliub mongl

续 表

词目	国际音标	苗文	词目	国际音标	苗文
汗	[ə^{33}n^{h}iaŋ^{53}]	eb hniangk	鸡皮疙瘩人寒冷时皮肤上起的疙瘩	[s^{h}u^{44}s^{h}a^{44}]	hsut hsat
雀斑面部的黑色细点	[ka^{35}n^{h}iaŋ^{35}mɛ^{13}/ka^{35}n^{h}iaŋ^{35}maŋ^{11}]	gad hniangd mais/gad hniangd mangl	尿	[ə^{33}va^{11}]	eb wal
屎	[qa^{35}]	ghad	屁	[qa^{35}ts^{h}aŋ^{44}]	ghad cangt
印记婴儿臀部青印	[qa^{33}ɬi^{55}]	ghab dlix	皱纹	[ti^{44}ma^{33}]	dit mab
倒刺	[ɕ^{h}i^{44}li^{13}pi^{11}]	hxit lis bil	力气	[tɕo^{55}ɣə^{13}]	jox ves
裸体	[ɬiaŋ^{44}tɕi^{35}]	dliangt jid	赤脚	[to^{35}ta^{33}]	dod dab
晕头～	[niə^{11}naŋ^{11}]	niel nangl	伤	[ɕi^{44}]	xit
花眼～了	[tsa^{44}la^{44}]	zat lat	酸腿～	[ɕ^{h}u^{33}]	hxub
出～水痘	[fa^{31}]	faf	瞎～眼睛	[ɬiu^{11}]	dliul
浮肿	[p^{h}o^{33}vo^{44}]	pob wot	泻～肚子	[tsa^{11}]	zal
发痧	[fa^{31}sa^{33}]	faf sab	发炎	[o^{35}zu^{11}]	od nul

续 表

词目	国际音标	苗文	词目	国际音标	苗文
抽筋	[x^{h}u^{53}ɕ^{h}i^{35}]	hvuk hxid	瘸~了	[lia^{55}]	liax
传染	[tu^{31}]	duf	肉瘤	[ti^{55}ʑaŋ^{31}]	dix yangf
脚癣	[kaŋ^{33}ɣa^{13}lɛ^{33}]	gangb vas laib	疮	[ti^{55}ʑu^{44}/ ti^{55}ɕ^{h}aŋ^{35}pu^{13}]	dix yut/dix hxangd bus
疥疮	[kaŋ^{33}ɕu^{44}]	gangb xut	冻疮	[tɕaŋ^{55}qa^{33}tɛ^{33}pa^{44}/ tɕaŋ^{55}po^{33}sei^{11}]	jangx ghab daib bat/ jangx bob seil
痱子	[kaŋ^{33}ə^{33}n^{h}iaŋ^{53}/ kaŋ^{33}tɛ^{35}n^{h}iaŋ^{53}]	gangb eb hniangk/ gangb daid hniangk	粉刺痤疮	[kaŋ^{33}ɬo^{33}]	gangb dlob
麦肿粒	[tɕaŋ^{35}ken^{11}]	jangd genl	痰	[qa^{35}ɬ^{h}ia^{35}ŋo^{11}]	ghad hliad ngol
脓	[ə^{33}pu^{13}]	eb bus	黄水伤口流~	[ə^{33}lia^{55}li^{31}]	eb liax lif
水疱皮肤因摩擦而起的泡	[t^{h}u^{11}p^{h}o^{44}]	tul pot	麻疹	[tɕaŋ^{55}qə^{33}/ʑen^{13} qə^{33}/qə^{33}ʑaŋ^{44}]	jangx gheb/yens gheb/gheb yangt
天花	[tɕaŋ^{55}qə^{33}tə^{31}]	jangx gheb def	麻风	[ɬiaŋ^{33}li^{55}]	dliangb lix
癫痫	[ɬiaŋ^{33}pi^{11}]	dliangb bil	腮腺炎	[tɕaŋ^{55}fu^{53}fi^{53}zɛ^{55}]	jiangx fuk fik naix

续 表

词目	国际音标	苗文	词目	国际音标	苗文
大脖子	[pʰo^{33}sʰen^{35}qoŋ^{35}]	pob hsend ghongd	洋子淋巴结	[lɛ^{33}tɕi^{31}]	laib jif
夜盲症	[ɛ^{44}ɬiu^{33}mɛ^{13}qei^{33}]	ait dliub mais gheib	白翳	[qa^{33}ɬiu^{53}tʰioŋ^{44}mɛ^{13}]	ghab dliuk tiongt mais
肺病	[moŋ^{33}fʰu^{35}zɛ^{13}]	mongb hfud nais	哮喘病	[tʰu^{53}ŋo^{11}]	tuk ngol
尿痛病	[ɕu^{35}va^{11}moŋ^{33}]	xud wal mongb	梅毒	[moŋ^{33}tɕaŋ^{55}ə^{33}lo^{11} pu^{13}]	mongb jangx eb lol bus
发疯	[tsei^{33}toŋ^{33}]	zeib dongb	发酒疯	[tsei^{33}toŋ^{33}tɕu^{35}]	zeib dongb jud
鞭痕	[qa^{33}sʰaŋ^{33}tsen^{53}]	ghab hsangb zenk	灼痕用灯草、艾等灸后留下的痕迹	[qa^{33}ɬi^{55}tu^{11}]	ghab dlix dul
治～病	[ɬiu^{53}]	dliuk	抹～药	[loŋ^{53}]	longk
药	[tɕa^{33}]	jab	草药	[tɕa^{33}qa^{33}zaŋ^{55}ɣo^{33}]	jab ghab nangx vob
毒药	[tɕa^{33}ʑaŋ^{31}]	jab yangf	损伤药治跌打损伤	[tɕa^{33}qa^{33}sʰaŋ^{33}]	jab ghab hsangb
补药	[tɕa^{33}pu^{55}]	jab bux	凉药	[tɕa^{33}xʰen^{44}]	jab hvent

续 表

词目	国际音标	苗文	词目	国际音标	苗文
药末	[qa^{33}pen^{44}tɕa^{33}]	ghab bent jab	药丸	[tɕa^{33}po^{35}to^{33}]	jab bod dob
办酒席	[tɕu^{35}tsɛ^{35}/ tɕu^{35}niaŋ^{33}]	jud zaid/jud niangb	送亲的客人	[nɛ^{55}s^{h}oŋ^{44}niaŋ^{33}/ nɛ^{55}s^{h}oŋ^{44}q^{h}a^{44}]	naix hsongt niangb/ naix hsongt khat
接亲的客人	[ʑaŋ^{11}niaŋ^{33}]	yangl niangb	伴娘	[nɛ^{55}s^{h}oŋ^{44}niaŋ^{33}/tɛ^{33} p^{h}i^{53}s^{h}oŋ^{44}niaŋ^{33}]	naix hsongt niangb/ daib pik hsongt niangb
伴郎	[nɛ^{55}ʑaŋ^{11}niaŋ^{33}]	naix yangl niangb	回门出嫁女子头一次回娘家	[tiaŋ^{35}niaŋ^{33}/ niaŋ^{33}tiaŋ^{35}tsɛ^{35}]	diangd niangb/ niangb diangd zaid
招赘招女婿	[ko^{11}tɕi^{44}tsɛ^{35}]	gol jit zaid	入赘上门女婿	[moŋ^{11}tɕi^{44}tsɛ^{35}]	mongl jit zaid
礼物	[qa^{33}li^{11}]	ghab lil	爱人	[tɛ^{11}tɕu^{33}maŋ^{13}/tɛ^{11} f^{h}u^{35}liə^{55}qa^{33}mɛ^{13}]	dail jub mangs/dail hfud liex ghab mais
胎儿	[tɛ^{11}tɛ^{33}qa^{33}tɕ^{h}u^{33}]	dail daib ghab qub	胞衣胎盘	[lɛ^{33}tɛ^{31}nia^{53}/ lɛ^{33}tsɛ^{35}nia^{53}]	laib daif niak/laib zaid niak
脐带	[tɕo^{44}ɬaŋ^{33}nia^{53}]	jot dlangb niak	生~孩子	[ʑaŋ^{11}（tɕə^{33}tɛ^{33}）/ ɕ^{h}en^{44}]	yangl （jeb daib）/ hxent

续　表

词目	国际音标	苗文	词目	国际音标	苗文
喂～奶	[ʑi^{13}]	yis	摇篮	[tɕi^{11}k^{h}en^{44}nia^{53}/ to^{11}lia^{35}liə^{33}]	jil kent niak/dol lais lieb
三朝小孩出生第三天举办的洗礼活动，目的是告诉祖宗添丁	[pɛ^{35}pi^{33}ta^{44}/ pɛ^{35}ta^{44}]	baid bib dat/baid dat	改嫁	[tsu^{53}q^{h}a^{44}/ ɕa^{44}q^{h}a^{44}]	zuk khat/xat khat
报丧	[ɕaŋ^{13}x^{h}ə^{33}ta^{13}/ ɕaŋ^{13}x^{h}ə^{33}lu^{11}]	xangs hveb das/ xangs hveb lul	寿衣	[u^{35}ti^{44}ta^{13}/ u^{35}t^{h}ioŋ^{33}liaŋ^{11}]	ud dit das/ud tiongb liangl
寿布	[to^{33}lu^{11}/m^{h}u^{33}lu^{11}]	dob lul/hmub lul	戴孝	[q^{h}ei^{33}tɕ^{h}u^{33}ɕ^{h}ə^{53}ɬu^{33}]	kheib qub hxek dlub
孝男	[tɛ^{11}nɛ^{55}ta^{13}tsɛ^{35}q^{h}ei^{33} v^{h}ə^{53}q^{h}ei^{33}f^{h}ə^{35}no^{13} paŋ^{31}to^{11}tɛ^{33}tɕaŋ^{13}tɛ^{33} tie^{33}]	dail naix das zaid kheib hxek kheib hfed nos bangf dol daib jangs taib dieeb	孝女	[tɛ^{11}nɛ^{55}ta^{13}tsɛ^{35}q^{h} ei^{33}ɕ^{h}ə^{53}q^{h}ei^{33}f^{h}ə^{35} no^{13}paŋ^{31}to^{11}tɛ^{33}ki^{31} tɛ^{33}a^{35}]	dail naix das zaid kheib hxek kheib hfed nos bangf dol daib gif daib ad
尸体	[tɛ^{11}nɛ^{55}ta^{13}paŋ^{11}qa^{33} tɕi^{35}]	dail naix das bangl ghab jid	抬棺材的人	[nɛ^{55}qaŋ^{44}ɬ^{h}a^{33}]	naix ghangt hlab
埋葬	[liaŋ^{11}]	liangl	二次葬	[ʑa^{55}paŋ^{55}liaŋ^{55}]	yax bangx liangx

续 表

词目	国际音标	苗文	词目	国际音标	苗文
超度	[$ti^{44}qa^{33}x^{h}i^{33}$]	dit ghab hvib	打斋	[$ti^{44}qa^{33}x^{h}i^{33}$]	dit ghab hvib
碑	[$liu^{11}ɣi^{33}paŋ^{55}liaŋ^{55}$]	liul vib bangx liangx	拜~菩萨	[$tiaŋ^{33}$]	diangb
法术	[$tia^{13}ɬiaŋ^{33}tsaŋ^{13}$]	dias dliangb zangs	邪法	[$tɛ^{11}ɕaŋ^{13}tɕo^{55}ki^{33}$ $qa^{33}ɬia^{55}$]	dail xangs jox gib ghab dliax
鬼	[$tɛ^{11}ɬiaŋ^{33}$]	dail dlangb	魂魄	[$tɛ^{11}qa^{33}ɬiu^{55}$]	dail ghab dliux
神	[$tɛ^{11}s^{h}ən^{33}zen^{55}$]	dail hsenb nenx	家先	[$tɛ^{11}qə^{44}saŋ^{55}vɛ^{55}$]	dail ghet sangx waix
雷公	[$qə^{44}ho^{33}$]	ghet hob	龙王	[$tɛ^{11}qə^{44}ɣoŋ^{55}$]	dail ghet vongx
龙	[$ɣoŋ^{55}/tɛ^{11}ɣoŋ^{55}$]	vongx/dail vongx	土地爷	[$tɛ^{11}qə^{44}faŋ^{33}ta^{33}$]	dail ghet fangb dab
玉帝	[$tɛ^{11}qə^{44}faŋ^{33}vɛ^{55}$]	dail ghet fangb waix	社王	[无]	
社日	[$sa^{35}ɣaŋ^{11}$]	sad vangl	花娘	[$maŋ^{13}paŋ^{55}$]	mangs bangx
庙王	[无]		人熊婆苗瑶神话故事的人物	[$tɛ^{11}maŋ^{13}ɬi^{53}$]	dail mangs dlik

续 表

词目	国际音标	苗文	词目	国际音标	苗文
王母娘娘	[tɛ^{11}maŋ^{13}vɛ^{55}]	dail mangs waix	巫师$_{鬼师}$	[tɛ^{11}ɕaŋ^{13}ɬiaŋ^{33}]	dail xangs dliangb
伏羲姊妹	[o^{33}tɛ^{11}vi^{35}ɕə^{35}ɕ^{h}aŋ^{53}/ o^{33}tɛ^{11}tɕi^{35}a^{35}o^{53}]	ob dail wid xed hxangk/ob dail jid ad ok	算命先生	[tɛ^{11}ɕaŋ^{13}s^{h}en^{44} zaŋ^{13}]	dail xangs hsent nangs
巫婆	[tɛ^{11}vu^{53}ɕaŋ^{13}ɬiaŋ^{33}]	dail wuk xangs dliangb	命	[zaŋ^{13}]	nangs
风水先生	[tɛ^{11}ɕaŋ^{13}ɕ^{h}i^{35}qa^{33} ta^{33}]	dail xangs hxid ghab dab	脚印	[qa^{33}m^{h}i^{35}lɛ^{33}]	ghab hmid laib
福气	[qa^{33}ɕ^{h}i^{33}qa^{33}zaŋ^{13}]	ghab hxib ghab nangs	影子	[qa^{33}ɬiu^{55}x^{h}en^{44}]	ghab dliux hvent
念$_{\sim经}$	[ɕi^{11}]	xil	斋$_{吃\sim}$	[ka^{35}ɬ^{h}i^{53}/tiaŋ^{33}i^{33} tiaŋ^{33}tɕu^{55}]	gad hlik/diangb ib diangb jux
神龛	[qa^{33}qo^{44}nə^{44}]	ghab ghot net	神像	[tu^{33}zo^{13}]	dub nos
香炉	[lɛ^{33}t^{h}o^{53}t^{h}ia^{53}ʑaŋ^{33}]	laib tok tiak yangb	香	[tɛ^{11}ʑaŋ^{33}]	dail yangb

续 表

词目	国际音标	苗文	词目	国际音标	苗文
纸马	[to^{11}ma^{11}tu^{35}ni^{55}tu^{35} tɕen^{33}]	dol mal dud nix dud jenb 纸马纸银纸金	祭品	[tiaŋ^{33}qo^{44}nə^{44}/ tiaŋ^{33}ɣi^{33}/tiaŋ^{33}tɕu^{55} paŋ^{31}to^{11}ŋa^{55}to^{11} tɕu^{35}]	diangb ghot net/ diangb vib/diangb jux bangf dol ngax dol jud
卜卦	[s^{h}en^{44}zaŋ^{13}/s^{h}en^{44} pi^{33}/ɕ^{h}i^{35}tsɛ^{35}]	hsent nangs/hsent bib/hxid zaid	筶用竹片等制成的占卜工具	[tiaŋ^{33}nu^{13}]	diangb nus
保筶用筶占卜时，一块朝上，一块朝下	[nə^{13}/ɕaŋ^{33}len^{35}pa^{44} lo^{11}mə^{13}]	nes/xangb lend bat lol mes	阴筶用筶占卜时，筶面朝下	[o^{33}p^{h}a^{44}ki^{13}mi^{31}]	ob pat gis mif
阳筶用筶占卜时，筶面朝上	[o^{33}p^{h}a^{44}ki^{13}pa^{35}]	ob pat gis bad	法刀巫师或道士用来斩妖的法宝	[tiaŋ^{33}tiu^{53}tia^{13} ɬiaŋ^{33}]	diangb diuk dias dliangb
经书	[tiu^{55}ɕ^{h}a^{53}tia^{13}ɬiaŋ^{33} tia^{13}tsaŋ^{13}]	diux hxak dias dlangb dias zangs	罪	[tsui^{35}]	zuid
犯煞	[s^{h}a^{35}tɕen^{31}]	hsad jenf	秽迷信者认为不洁	[a^{55}s^{h}a^{33}ŋa^{13}paŋ^{31}]	ax hsab ngas bangf
做道场	[tia^{13}ɬiaŋ^{33}tia^{13} tsaŋ^{13}]	dias dliangb dias zangs	喃神	[缺]	

续 表

词目	国际音标	苗文	词目	国际音标	苗文
供神	[tiaŋ^{33}tɕu^{35}tiaŋ^{33}ɣi^{33}]	diangb jud diangb vib	驱鬼	[tia^{13}ɬiaŋ^{33}]	dias dlangb
放蛊	[ɬo^{35}tɕa^{33}/ɕaŋ^{44}tɕa^{33}]	dlod jab/xangt jab	招魂	[qo^{11}ɬiu^{55}/vi^{11}ɬiu^{55}]	ghol dliux/wil dliux
还愿	[po^{35}fu^{44}zo^{13}/tiaŋ^{53} zo^{13}]	bod fut nos/diangk nos	祈福	[ɬa^{53}foŋ^{33}vɛ^{55}/ ɬa^{53}fʰi^{33}/ɬa^{53}ɬa^{13}]	dlak fongb waix/ dlak hfib/dlak dlas
人丁兴旺	[ɕaŋ^{31}nɛ^{55}ɕaŋ^{31}tɛ^{11}]	xangf naix xangf dail	五谷丰登	[ɣu^{44}niaŋ^{55}ɣu^{44}nʰiu^{44}/ ɣu^{44}qə^{33}li^{55}qə^{33}la^{13}]	vut niangx vut hniut/vut gheb lix gheb las
八字$_{时辰\sim}$	[qa^{33}ɕʰi^{33}qa^{33}zaŋ^{13}]	ghab hxib ghab nangs	合命$_{合八字}$	[hu^{31}zaŋ^{13}]	huf nangs
看日子	[ŋi^{44}qa^{33}nʰɛ^{33}qa^{33} ɕʰi^{33}]	ngit ghab hnaib ghab hxib	名声	[min^{11}vi^{35}]	minl wid
本事	[lɛ^{33}pi^{11}]	laib bil	长辈	[saŋ^{13}lu^{11}]	sangs lul
坏人	[nɛ^{55}qa^{33}ɬia^{55}]	naix ghab dliax	大人	[nɛ^{55}lu^{11}]	naix lul

续 表

词目	国际音标	苗文	词目	国际音标	苗文
晚辈	[saŋ^{13}ɣaŋ^{44}]	sangs vangt	老头儿	[qə^{44}lu^{11}]	ghet lul
老太太	[vu^{53}lu^{11}]	wuk lul	青年女子 姑娘	[tɛ^{33}p^{h}i^{53}ɣaŋ^{44}]	daib pik vangt
青年男子 小伙子	[tɛ^{33}ɣaŋ^{44}]	daib vangt	独子	[tɛ^{33}po^{35}toŋ^{31}]	daib bod dongf
子孙	[to^{11}tɛ^{33}ɬ^{h}aŋ^{33}]	dol daib hlangb	孤儿	[tɛ^{33}za^{13}]	daib nas
寡妇	[tɛ^{11}maŋ^{13}za^{13}]	dail mangs nas	鳏夫 老而无妻或丧妻的人	[tɛ^{11}pa^{35}za^{13}]	dail bad nas
皇帝	[tɛ^{11}vaŋ^{55}]	dail wangx	兵	[tɛ^{11}ʑoŋ^{55}]	dail yongx
官	[tɛ^{11}qa^{33}lɛ^{11}]	dail ghab lail	苗族自称	[tɛ^{11}m^{h}u^{33}]	dail hmub
头人 寨老	[tɛ^{11}f^{h}u^{35}]	dail hfud	牧童	[tɛ^{11}tɛ^{33}ɣə^{35}lio^{35}]	dail daib ved liod
汉族	[tɛ^{11}tiə^{11}]	dail diel	富人	[tɛ^{11}nɛ^{55}ɬa^{13}]	dail naix dlas
穷人	[tɛ^{11}nɛ^{55}ɕ^{h}a^{44}]	dail naix hxat	地主	[tɛ^{11}nɛ^{55}ɬa^{13}]	dail naix dlas
懒汉	[tɛ^{11}nɛ^{55}ŋi^{11}]	dail naix ngil	主人	[tɛ^{11}nɛ^{55}ki^{13}tsɛ^{35}]	dail naix gis zaid

续 表

词目	国际音标	苗文	词目	国际音标	苗文
医生	[tɛ^{11}ɕaŋ^{13}/ tɛ^{11}ɕaŋ^{13}tɕa^{44}]	dail xangs/dail xangs jat	老师	[qə^{33}ɕaŋ^{13}tɕo^{33}lei^{55}/ qə^{33}ɕaŋ^{13}tɕo^{44}li^{11}]	gheb xangs job leix/ gheb xangs jot lil
船夫	[tɛ^{11}nɛ^{55}tɕ^{h}a^{33}niaŋ^{55}]	dail naix qab niangx	猎人	[tɛ^{11}nɛ^{55}tia^{13}ŋa^{55}]	dail naix dias ngax
石匠	[tɛ^{11}ɕaŋ^{13}s^{h}ɛ^{44}ɣi^{33}]	dail xangs hsait vib	泥瓦匠	[tɛ^{11}nɛ^{55}f^{h}a^{33}ɣi^{33}]	dail naix hfab vib
银匠	[tɛ^{11}ɕaŋ^{13}taŋ^{44}ni^{55}]	dail xangs dangt nix	铁匠	[tɛ^{11}ɕaŋ^{13}taŋ^{44}ɬ^{h}ə^{44}]	dail xangs dangt hlet
强盗	[tɛ^{11}niaŋ^{13}]	dail niangs	骗子	[tɛ^{11}ɬio^{44}]	dail dliot
生人	[tɛ^{11}nɛ^{55}niu^{11}]	dail naix niul	土匪	[tɛ^{11}niaŋ^{13}/ tɛ^{11}nɛ^{55}qa^{33}ɬia^{55}]	dail niangs/dail naix ghab dliax
同伴	[tɛ^{11}qa^{33}pu^{11}]	dail ghab bul	熟人	[tɛ^{11}nɛ^{55}lia^{13}]	daill naix lias
外国人	[tɛ^{11}nɛ^{55}ki^{35}ku^{55}/ tɛ^{11}nɛ^{55}zaŋ^{31}kɛ^{31}]	dail naix gid gux/ dail naix yangf gaif	老乡	[tɛ^{11}ki^{35}ɣaŋ^{11}]	dail gid vangl
高个	[tɛ^{11}x^{h}i^{33}tɕi^{11}]	dail hvib jil	异乡人	[tɛ^{11}nɛ^{55}faŋ^{33}to^{11}]	dail naix fangb dol
左撇子	[tɛ^{11}tɕa^{31}tɕaŋ^{11}]	dail jaf jangl	矮子	[tɛ^{11}ka^{11}tɕi^{11}]	dail gal jil

续 表

词目	国际音标	苗文	词目	国际音标	苗文
独眼龙	[tɛ^{11}tɕu^{13}tɕi^{11}ɬiu^{33} mɛ^{13}]	dail jus jil dliub mais	麻子	[tɛ^{11}ɬiə^{44}tə^{11}]	dail dliet del
秃子	[tɛ^{11}ɬiaŋ^{44}q^{h}o^{33}]	dail dliangt khob	结巴	[tɛ^{11}qa^{35}la^{35}]	dail ghad lad
歪嘴子	[tɛ^{11}vi^{55}lo^{44}]	dail wix lot	斜眼子	[tɛ^{11}la^{44}mɛ^{13}]	dail lat mais
瘫子	[tɛ^{11}nɛ^{55}ɬ^{h}o^{33}]	dail naix hlob	豁嘴子	[tɛ^{11}ti^{31}lo^{44}]	dail dif lot
祖宗	[to^{11}saŋ^{13}lu^{11}]	dol sangs lul	曾外祖父	[qə^{44}q^{h}a^{44}saŋ^{55}vɛ^{55}]	ghet khat sangx waix
曾外祖母	[vu^{53}q^{h}a^{44}saŋ^{55}vɛ^{55}]	wuk khat sangx waix	曾祖父	[qə^{44}saŋ^{55}vɛ^{55}]	ghet sangx waix
曾祖母	[vu^{53}saŋ^{55}vɛ^{55}]	wuk sangx waix	姐妹	[tɕi^{35}a^{35}]	jid ad
小叔子$_{夫之弟}$	[pa^{35}ʑu^{44}]	bad yut	大伯子$_{夫之兄}$	[pa^{35}lu^{11}]	bad lul
内兄$_{妻之兄}$	[pə^{35}q^{h}a^{44}/ tɛ^{11}nen^{11}ɬ^{h}iə^{33}]	bed khat/dail nenl hlieb	小姑子$_{夫之妹}$	[tei^{53}]	deik
堂哥	[pə^{35}qa^{33}pu^{44}]	bed ghab but	内弟$_{妻之弟}$	[u^{44}q^{h}a^{44}/ tɛ^{11}nen^{11}ʑu^{44}]	ut khat/dail nenl yut

续 表

词目	国际音标	苗文	词目	国际音标	苗文
堂姐	[a^{35}qa^{33}pu^{44}]	ad ghab but	堂弟	[u^{44}qa^{33}pu^{44}]	ut ghab but
大儿子长子	[tɛ^{11}ti^{11}ɬ^{h}iə^{33}]	dail dil hlieb	堂妹	[a^{35}ʑu^{44}qa^{33}pu^{44}]	ad yut ghab but
大女儿	[tɛ^{11}a^{35}ɬ^{h}iə^{33}]	dail ad hlieb	小儿子	[tɛ^{11}ti^{11}ʑu^{44}]	dail dil yut
养子	[tɛ^{11}tɛ^{33}tə^{13}maŋ^{13}]	dail daib des mangs	小女儿	[tɛ^{11}a^{35}ʑu^{44}]	dail ad yut
私生子	[tɛ^{11}tɛ^{33}a^{35}niaŋ^{33}pa^{35}/ tɛ^{11}tɛ^{33}a^{35}ma^{55}pa^{35}]	dail daib ad niangb bad/dail daib ad max bad	养女	[tɛ^{11}tɛ^{33}p^{h}i^{53}tə^{13} maŋ^{13}]	dail daib pik des mangs
孙女儿	[to^{11}ɬ^{h}aŋ^{33}a^{35}/ ɬ^{h}aŋ^{33}tɛ^{33}p^{h}i^{53}]	dol hlangb ad/ hlangb daib pik	侄女儿	[pa^{35}lu^{11}pa^{35}ʑu^{44} paŋ^{31}tɛ^{33}a^{35}]	bad lul bad yut bangf daib ad父-大-父-小-小孩-女孩
后妻	[tɛ^{11}maŋ^{13}taŋ^{11}qaŋ^{33}]	dail mangs dangl ghangb	前妻	[tɛ^{11}maŋ^{13}taŋ^{11}f^{h}u^{35}]	dail mangs dangl hfud
小老婆	[tɛ^{11}maŋ^{13}ʑu^{44}/ tɛ^{11}maŋ^{13}o^{33}]	dail mangs yut/dail mangs ob	大老婆	[tɛ^{11}maŋ^{13}ɬ^{h}iə^{33}]	dail mangs hlieb

续 表

词目	国际音标	苗文	词目	国际音标	苗文
女情人	[tɛ^{11}vi^{35}qa^{33}pu^{11}]	dail wid ghab bul	男情人	[tɛ^{11}ʑu^{13}qa^{33}pu^{11}]	dail yus ghab bul
亲家公	[tɛ^{11}qə^{44}q^{h}a^{44}]	dail ghet khat	亲家	[tɛ^{11}vu^{53}qə^{44}q^{h}a^{44}]	dail wuk ghet khat
干爹	[tɛ^{11}pa^{35}ɕa^{33}]	dail bad xab	亲家母	[tɛ^{11}vu^{53}q^{h}a^{44}]	dail wuk khat
园子菜地	[qa^{33}vaŋ^{55}]	ghab wangx	干妈	[tɛ^{11}maŋ^{13}ɕa^{33}]	dail mangs xab
庄稼	[to^{11}ɣo^{33}ka^{35}]	dol vob gad	粮食	[qa^{33}s^{h}a^{33}s^{h}ɛ^{35}]	ghab hsab hsaid
芽儿	[qa^{33}tɕ^{h}aŋ^{33}]	ghab qangb	种子	[qa^{33}n^{h}iu^{33}]	ghab hniub
禾苗	[to^{11}ta^{55}ʑi^{33}/ʑi^{33}]	dol dax yib/yib	秧	[to^{11}ʑi^{33}]	dol yib
谷仓	[lɛ^{33}zoŋ^{11}tɕa^{13}ka^{35}]	laib nongl jas gad	蜜蜂房	[tsɛ^{35}kaŋ^{33}va^{33}]	zaid gangb wab
蜂箱	[loŋ^{11}kaŋ^{33}va^{33}]	longl gangb wab	耙	[tiaŋ^{33}k^{h}a^{53}]	diangb kak
耙齿	[qa^{33}m^{h}i^{35}k^{h}a^{53}]	ghab hmid kak	犁铧	[lɛ^{33}maŋ^{11}k^{h}a^{33}]	laib mangl kab
铁锹	[tiaŋ^{33}ɬiə^{35}ʑu^{31}ta^{33}]	diangb dlied yuf dab	牛鼻拳穿过牛鼻的绳索	[qa^{33}zɛ^{13}lio^{35}]	ghab nais liod
牛轭	[qa^{33}ɬaŋ^{33}lio^{35}]	ghab dlangb liod	谷箕	[ʑa^{13}na^{55}]	yas nax

续 表

词目	国际音标	苗文	词目	国际音标	苗文
粪箕	[ʑa^{13}qaŋ^{44}qa^{35}]	yas ghangt ghad	薅锄刮草用	[tiaŋ^{33}sʰo^{35}ʑi^{13}la^{13}]	diangb hsod yis las
背篓	[tɕi^{11}kʰin^{44}a^{53}qa^{33}ku^{31}]	jil kint ak ghab guf	钉耙一般用于抓取猪牛粪	[tiaŋ^{33}tsa^{55}]	diangb zax
谷耙晒谷时用来翻动谷粒的耙子	[tiaŋ^{33}po^{13}nio^{55}na^{55}]	diangb bos niox nax	谷桶打稻谷用	[tʰə^{33}ti^{33}na^{55}/to^{35}ti^{33}na^{55}]	teb dib nax/dod dib nax
禾剪剪谷穗用的	[tiu^{55}mu^{35}/tiaŋ^{33}mu^{35}]	diux mud/diangb mud	风车扬谷糠用	[lɛ^{33}foŋ^{33}pu^{55}]	laib fongb bux
谷篓囤积稻谷用，比一般筐篓大	[lɛ^{33}kʰu^{33}tɕa^{13}na^{55}]	laib kub jas nax	晒谷坪	[qa^{33}tɛ^{55}tsa^{33}na^{55}/qa^{33}tɛ^{55}tsa^{33}sʰɛ^{35}]	ghab daix zab nax/ghab daix zab hsaid
晒谷台	[lɛ^{33}ken^{11}tsa^{33}na^{55}/lɛ^{33}ken^{11}tsa^{33}sʰɛ^{35}]	laib genl zab nax/laib genl zab hsaid	棚子瓜棚	[lɛ^{33}ti^{13}]	laib dis
水碾	[lɛ^{33}tɕə^{11}ə^{33}/lɛ^{33}tɕə^{11}ə^{33}mu^{13}sʰɛ^{35}]	laib jel eb/laib jel eb mus hsaid	棒槌	[lɛ^{33}qa^{33}sʰo^{35}u^{35}]	laib ghab hsod ud
稻草人	[tɛ^{11}lin^{31}qa^{35}loŋ^{35}]	dail linf ghad longd	粪	[qa^{35}]	ghad

续表

词目	国际音标	苗文	词目	国际音标	苗文
肥料	[qa^{35}]	ghad	选~种子	[x^{h}u^{53}]	hvuk
耙~田	[k^{h}a^{53}]	kak	撒~种子	[tsa^{13}]	zas
糊~田埂	[po^{33}]	bob	抽薹	[tɕi^{44}o^{44}]	jit ot
抽条	[tɕi^{44}o^{44}]	jit ot	保~苗	[ts^{h}a^{33}]	cab
分蘖	[t^{h}a^{44}tiu^{13}]	tat dius	收~稻子	[ə^{35}/ɕ^{h}u^{33}]	ed/hxub
守~庄稼	[ɣə^{35}]	ved	结~果子	[tsen^{44}]	zent
扬~麦子	[ts^{h}ə^{35}]	ced	碾~米	[mu^{13}/to^{35}]	mus/dod
出这儿~水果	[ɕ^{h}aŋ^{35}]	hxangd	货	[ho^{44}]	hot
筛~米	[ɕ^{h}a^{33}]	hxab	租谷	[t^{h}u^{33}s^{h}ɛ^{35}]	tub hsaid
租	[t^{h}u^{33}]	tub	银行	[ʑen^{31}haŋ^{31}]	yenf hangf
雇佣	[tɕ^{h}en^{55}tɛ^{33}qə^{33}]	qenx daib gheb	交~钱	[ta^{35}]	dad
利息	[lo^{11}lin^{31}]	lol linf	买~鱼	[mɛ^{11}]	mail

续 表

词目	国际音标	苗文	词目	国际音标	苗文
卖～菜	[mɛ^{13}]	mais	赔偿	[pə^{55}x^{h}aŋ^{33}]	bex hvangb
银元铜洋	[qa^{33}k^{h}ɛ^{55}ni^{55}ɬu^{33}]	ghab kaix nix dlub	银子	[ni^{55}ɬu^{33}]	nix dlub
秤杆	[qa^{33}tɕi^{35}ɬio^{53}]	ghab jid dliok	秤纽	[qa^{33}zɛ^{13}ɬio^{53}]	ghab nais dliok
秤砣	[po^{35}tu^{55}ɬio^{53}]	bod dux dliok	秤星	[qa^{33}sɛ^{13}ɬio^{53}]	ghab sais dliok
教～书	[tɕo^{33}]	job	考～学校	[pi^{55}]	bix
黑板	[hɛ^{31}pɛ^{55}]	haif baix	字	[lei^{55}]	leix
纸	[tu^{35}]	dud	笔	[pi^{31}]	bif
书本	[tu^{35}lei^{55}]	dud leix	图章	[lɛ^{33}ʑen^{35}]	laib yend
浆糊	[ə^{33}ka^{35}ɬ^{h}i^{53}]	eb gad hlik	风俗	[lɛ^{33}ku^{55}li^{11}lu^{11}]	laib gux lil lul
旗	[liu^{11}tɕi^{31}]	liul jif	调子唱的～	[ko^{11}ɕ^{h}a^{53}paŋ^{31}/ lɛ^{33}qa^{33}tiə^{11}]	gol hxak bangf/laib ghab diel
歌	[ɕ^{h}a^{53}]	hxak	歌师	[tɛ^{11}fu^{35}ɕ^{h}a^{53}]	dail fud hxak
歌堂	[lɛ^{33}ɬaŋ^{11}qo^{11}ɕ^{h}a^{53}]	laib dlangl ghol hxak	歌书	[pen^{55}tu^{35}lei^{55}ɕ^{h}a^{53}]	benx dud leix hxak

续　表

词目	国际音标	苗文	词目	国际音标	苗文
戏	[ɕi^{35}]	xid	鼓	[niə^{11}tu^{35}lio^{35}]	niel dud liod
长鼓	[niə^{11}tʰoŋ^{35}/niə^{11}tioŋ^{55}]	niel tongd/niel diongx	锣	[niə^{11}tə^{55}]	niel dex
钹	[lɛ^{33}paŋ^{55}po^{31}]	laib bangx bof	唢呐	[lioŋ^{11}li^{35}]	liongl lid
喇叭	[lioŋ^{55}pa^{33}]	liongx bab	芦笙	[tiaŋ^{33}ki^{55}]	diangb gix
铃	[qə^{33}liə^{33}]	gheb lieb	哨子	[sau^{35}tsɿ^{55}]	saod zix
球	[tɕʰu^{31}]	quf	陀螺	[lɛ^{33}vu^{31}]	laib wuf
弹弓	[qa^{33}tʰia^{33}paŋ^{35}nə^{13}]	ghab tiab bangd nes	相片	[ɕaŋ^{35}pʰie^{35}]	xangd pieed
棋盘	[tɕʰi^{31}pʰɛ^{31}]	qif paif	棋子	[tɕʰi^{31}tsɿ^{55}]	qif zix
谜语	[niaŋ^{13}qo^{44}/ɬiaŋ^{33}ɕaŋ^{13}]	niangs ghot/dliangb xangs	翻筋斗	[tia^{53}lin^{35}qo^{35}]	diak lind ghod
荡秋千	[to^{11}lia^{35}liə^{33}]	dol liad lieb	高跷	[ma^{11}tio^{31}]	mal diof
打~球~	[ti^{33}]	dib	踢~球~	[tei^{44}]	deit
弹~琴~	[la^{44}]	lat	跳~舞~	[tia^{53}]	diak

续 表

词目	国际音标	苗文	词目	国际音标	苗文
贴～标语	[hen^{44}]	hent	投～球	[ko^{55}]	gox
写	[ɕ^{h}a^{35}]	hxad	学	[tɕ^{h}ə^{33}]	qeb
游泳	[loŋ^{35}ə^{33}]	longd eb	蘸～墨水	[tiu^{53}]	diuk
传说名词	[toŋ^{31}/ɕi^{44}toŋ^{31}]	dongf/xit dongf	声音	[pə^{44}x^{h}ə^{33}]	bet hveb
汉话	[x^{h}ə^{33}tiə^{11}]	hveb diel	名堂	[qa^{33}tɕi^{44}]	ghab jit
国家	[ko^{31}tɕa^{33}]	gof jab	县	[ɕe^{35}]	xeed
竖～起来	[ɕoŋ^{44}]	xongt	竖专指禽类羽毛立起	[ki^{35}]	gid
褪～色	[qo^{44}]	ghot	开水～了	[pu^{44}]	but
着～火了	[ʑen^{13}]	yens	靠拢	[ɕi^{44}paŋ^{11}]	xit bangl
破～篾	[p^{h}a^{44}]	pat	冒～烟	[fa^{11}]	fal
鼓～起肚子	[p^{h}o^{55}/ni^{55}]	pox/nix	浮～在水上	[p^{h}u^{33}]	pub
盘把辫子～在头上	[tɕaŋ^{35}qen^{13}]	jangd ghens	凹下	[ɬ^{h}ioŋ^{53}/p^{h}en^{53}]	hliongk/penk

续 表

词目	国际音标	苗文	词目	国际音标	苗文
接把两根绳子～起来	[ɕi^{44}s^{h}en^{53}]	xit hsenk	焙～干谷子	[pei^{44}]	beit
摆～放供品	[pɛ^{55}]	baix	放把鸟～了	[ɕaŋ^{44}]	xangt
翻衣服～过来穿	[lin^{35}]	lind	封把信～好	[foŋ^{33}]	fongb
把给婴儿～屎	[ɕ^{h}i^{53}]	hxik	漏房子～雨	[ɬa^{55}]	dlax
飘红旗～扬	[ʑaŋ^{44}]	yangt	跟孩子～着妈妈	[tə^{13}]	des
散人都～了	[tsaŋ^{33}]	zangb	晒～太阳	[tsa^{33}]	zab
缠藤～树	[qo^{53}]	ghok	崩山～地裂	[paŋ^{44}]	bangt
下太阳～山	[ŋa^{11}]	ngal	蜕蛇～皮	[qei^{35}]	gheid
叮蚊子～人	[ki^{53}]	gik	砸碗～破了	[ti^{33}/ɬaŋ^{13}]	dib/dlangs
闹小孩～	[ɬa^{33}lia^{53}]	dlab liak	用我～铅笔	[ə^{35}]	ed
夹腋下～本书	[tei^{53}]	deik	游～水	[loŋ^{35}]	longd
照用灯～	[tsau^{35}]	zaod	砸用锤～石头	[ti^{33}/ɬaŋ^{13}]	dib/dlangs

续 表

词目	国际音标	苗文	词目	国际音标	苗文
撑用棍子~住	[ni^{11}]	nil	映射专指光线照眼	[tsa^{44}la^{44}]	zat lat
捧用手~起	[po^{13}]	bos	剜用尖刀~	[q^{h}oŋ^{13}]	khongs
冲用水~	[sa^{35}]	sad	按用手~住	[nei^{31}]	neif
拱猪~土	[qoŋ^{13}]	ghongs	钻用钻子~洞	[lei^{13}]	leis
挨~近	[paŋ^{11}]	bangl	挨~打	[ŋɛ^{31}]	ngaif
霸占	[lu^{31}]	luf	安~抽水机	[ŋɛ^{33}]	ngaib
簸~米	[ts^{h}ə^{35}]	ced	摆动物摇尾	[zen^{31}]	nenf
搬~凳子	[ʑa^{55}]	yax	搬~家	[ʑa^{55}]	yax
拌~农药	[nio^{55}]	niox	帮助	[ɕi^{44}paŋ^{33}]	xit bangb
背~书	[pei^{35}]	beid	包~药	[q^{h}ɛ^{35}]	khaid
编~辫子	[mi^{11}]	mil	逼~他交出来	[ʑa^{31}]	yaf
变	[vɛ^{31}]	waif	编~篮子	[mi^{11}/hei^{33}]	mil/heib

续　表

词目	国际音标	苗文	词目	国际音标	苗文
补~锅	[s^{h}u^{53}]	hsuk	剥~牛皮	[ɬ^{h}u^{53}]	hluk
缺~了口子	[ti^{31}lo^{44}]	dif lot	补~衣服	[p^{h}ɛ^{33}]	paib
查~账	[ts^{h}a^{31}]	caf	裁~衣服	[ken^{53}]	genk
炒~菜	[ka^{33}]	gab	尝~味道	[tɕoŋ^{55}]	jongx
沉	[taŋ^{55}]	dangx	车~水	[lɛ^{33}ku^{11}tiu^{44}tə^{44}/ ten^{11} (ə^{33})]	laib gul diut det/ denl (eb)
抽~出刀来	[ɬiu^{55}/ten^{11}]	dliux/denl	舂~米	[to^{35}]	dod
锄~草	[ʑi^{13}]	yis	出~汗	[fa^{31}]	faf
穿~针	[tɕ^{h}aŋ^{33}]	qangb	穿~鞋	[ti^{44}]	dit
捶~衣服	[ti^{33}/ɬaŋ^{13}]	dib/dlangs	吹~喇叭	[ts^{h}o^{33}]	cob
乘凉	[ta^{44}x^{h}en^{44}]	dat hvent	搓~绳子	[f^{h}a^{33}]	hfab
搭~棚子	[ta^{31}]	daf	搭~车	[ta^{31}]	daf
打扮	[ɬaŋ^{35}vaŋ^{33}]	dlangd wangb	打~枪	[paŋ^{35}]	bangd

续 表

词目	国际音标	苗文	词目	国际音标	苗文
打赌	[ɕi^{44}tə^{35}]	xit ded	打倒	[ti^{33}ku^{13}]	dib gus
打仗	[ti^{33}tiaŋ^{13}]	dib diangs	打猎	[tia^{13}ŋa^{55}]	dias ngax
带～孩子	[ʑaŋ^{11}]	yangl	打胎	[ti^{33}nia^{53}]	dib niak
戴～帽子	[tə^{44}]	det	带～钱	[tə^{53}]	dek
戴～项圈	[maŋ^{13}]	mangs	戴～手镯	[ti^{44}]	dit
当～兵	[ku^{13}]	gus	弹～棉花	[ti^{33}]	dib
倒墙～了	[ku^{13}]	gus	挡～风	[tɕə^{44}]	jet
倒～过来	[tiaŋ^{35}]	diangd	倒把水～掉	[t^{h}o^{35}]	tod
到～了家	[lei^{44}/so^{13}]	leit/sos	等～人	[taŋ^{11}]	dangl
低～头	[po^{44}]	bot	点～头	[ŋaŋ^{53}]	ngangk
垫～桌子	[tɕaŋ^{13}]	jangs	颠腿—坐下来就～	[k^{h}ə^{44}ɕ^{h}ə^{44}]	ket hxet
吊～在梁上	[fi^{55}]	fix	叼狗～肉	[ki^{35}]	gid

续 表

词目	国际音标	苗文	词目	国际音标	苗文
跌倒	[ɬiaŋ^{35}pi^{11}]	dliangd bil	钓～鱼	[nen^{35}]	nend
钉～钉子	[ti^{33}]	dib	叠～被子	[tɕaŋ^{35}]	jangd
震动	[tɕ^{h}aŋ^{44}ta^{33}]	qangt dab	动	[tɕ^{h}aŋ^{44}]	qangt
读～书	[tu^{31}]	duf	堵～漏洞	[li^{35}]	lid
赌～钱	[tə^{35}]	ded	断线～了	[tɛ^{44}]	dait
断棍子～了	[liaŋ^{11}/lo^{35}]	liangl/lod	堆～稻草	[nen^{13}]	nens
对～笔迹	[pi^{55}]	bix	炖～鸡	[ɬen^{33}/ɬoŋ^{33}]	dlenb/dlongb
夺	[lu^{31}]	luf	跺～脚	[ten^{31}]	denf
发～信	[fa^{31}]	faf	发～芽	[tu^{13}lo^{44}]	dus lot
发～脾气	[fa^{31}(qa^{33}tɕ^{h}i^{44})]	faf (ghab qit)	翻～身	[lin^{35}]	lind
罚～款	[fa^{31}(k^{h}uɛ^{55})]	faf (kuaix)	纺～棉花	[nin^{13}]	nins
防～野猪	[nin^{35}hi^{44}/laŋ^{11}]	nind hit/langl	放～田水	[ɕaŋ^{44}]	xangt

续 表

词目	国际音标	苗文	词目	国际音标	苗文
放~盐	[ɕaŋ^{44}]	xangt	飞	[ʑaŋ^{44}]	yangt
分~粮食	[tu^{13}]	dus	缝~衣服	[p^{h}ɛ^{33}]	paib
敷~药	[po^{33}]	bob	伏~在桌子上	[paŋ^{13}]	bangs
扶~起来	[ɬio^{31}]	dliof	扶~着栏杆走	[tɕ^{h}a^{44}nia^{13}]	qat nias
赶~鸟	[tia^{13}]	dias	割~肉	[ɬ^{h}ei^{53}]	hleik
钩	[qa^{44}]	ghat	刮~掉毛	[ka^{31}]	gaf
挂~在墙上	[fi^{55}]	fix	关~门	[s^{h}u^{53}]	hsuk
灌~水	[t^{h}o^{35}/tsa^{44}]	tod/zat	跪	[lo^{35}tɕu^{13}]	lod jus
埋伏	[mi^{35}tɕi^{35}]	mid jid	滚	[f^{h}a^{33}tɕa^{33}]	hfab jab
过~河	[tu^{31}/ʑə^{33}]	duf/yeb	硌~脚	[li^{33}]	lib
还~账	[pə^{55}]	bex	还手	[tiaŋ^{35}pi^{11}]	diangd bil
喊~人开会	[ɬ^{h}a^{33}/ko^{11}]	hlab/gol	焊~管子	[hen^{44}]	hent

续 表

词目	国际音标	苗文	词目	国际音标	苗文
烘~衣服	[p^hi^{33}]	pib	划~船	[$tɕ^ha^{33}$]	qab
回~家	[$tiaŋ^{35}$]	diangd	换	[$vɛ^{31}$]	waif
回音	[$tiaŋ^{35}x^hə^{33}$]	diangd hveb	回~头	[$tiaŋ^{35}$]	diangd
挤~奶	[nei^{31}]	neif	挤~过去	[en^{53}]	enk
剪	[ken^{53}]	genk	加	[su^{11}]	sul
浇~水	[$t^haŋ^{44}$]	tangt	搅	[nio^{55}]	niox
揭~锅盖	[$ɬ^hiu^{33}$]	hliub	借~钱	[t^hu^{33}]	tub
进~屋	[$ɬen^{11}$]	dlenl	敬~酒	[$kaŋ^{31}$]	gangf
揪~住	[zen^{53}]	nenk	卷~布	[$tɕaŋ^{35}$]	jangd
开~花	[p^hu^{35}]	pud	抹~灰	[$ɕ^haŋ^{44}$]	hxangt
看见	[$ŋi^{44}poŋ^{31}/ɕ^hi^{35}poŋ^{31}$]	ngit bongf/hxid bongf	烤~干衣服	[p^hi^{33}]	pib
烤~火	[p^hi^{33}]	pib	靠~墙	[$paŋ^{13}$]	bangs

续　表

词目	国际音标	苗文	词目	国际音标	苗文
啃～骨头	[ki^{53}]	gik	刻用刀～	[ken^{31}]	genf
跨～一步	[tiə^{31}]	dief	抠用手指挖	[qoŋ^{13}]	ghongs
拉～绳子	[to^{53}]	dok	来	[lo^{11}]	lol
拦～住	[laŋ^{11}]	langl	粘～住了	[hen^{44}]	hent
离开	[ɕi^{44}to^{11}]	xit dol	量～布	[li^{55}]	lix
晾～衣服	[tsa^{33}]	zab	留～种子	[ɬia^{44}]	dliat
流～水	[la^{11}/ɬo^{35}]	lal/dlod	搂～在怀里	[pə^{13}]	bes
落～下来	[pε^{55}]	baix	瞄～准	[x^{h}a^{44}]	hvat
眯～眼	[qa^{44}]	ghat	摸～鱼	[s^{h}en^{53}]	hsenk
磨～刀	[x^{h}ə^{35}]	hved	磨～面	[mu^{13}]	mus
拈～一块糖	[tɕ^{h}ə^{44}]	qet	捏～手	[nei^{31}]	neif
沤～烂了	[to^{55}]	dox	爬～山	[tɕi^{44}]	jit

续 表

词目	国际音标	苗文	词目	国际音标	苗文
爬~树	[tɕi^{44}]	jit	拍~桌子	[ma^{55}]	max
排~队	[p^{h}ɛ^{31}]	paif	刨用刨子~光一点	[t^{h}ɛ^{33}]	taib
刨动物用前趾挖掘，如~土	[tɕ^{h}a^{33}/ka^{55}]	qab/gax	泡~衣服	[ɕu^{44}]	xut
泡~饭	[p^{h}ə^{35}]	ped	喷~水	[ts^{h}u^{44}]	cut
陪~客人	[ni^{11}/p^{h}ei^{31}]	nil/peif	劈~柴	[p^{h}a^{33}/p^{h}a^{44}]	pab/pat
碰~到桌子	[ku^{31}]	guf	破~肚子	[p^{h}a^{33}]	pab
泼~水	[f^{h}a^{44}]	hfat	骑~马	[tɕi^{55}]	jix
铺~被子	[tɕ^{h}ə^{44}]	qet	牵~牛	[t^{h}iə^{44}]	tiet
起来	[fa^{11}tsaŋ^{33}]	fal zangb	抢	[lu^{31}]	luf
敲~门	[koŋ^{11}]	gongl	切~菜	[x^{h}u^{33}]	hvub
亲~小孩	[k^{h}u^{33}]	kub	劝	[tɕo^{33}/ɬa^{33}]	job/dlab

续 表

词目	国际音标	苗文	词目	国际音标	苗文
去	[moŋ^{11}]	mongl	绕~弯儿	[va^{13}]	was
染~布	[s^{h}en^{35}]	hsend	洒~水	[tsa^{13}]	zas
热~一下再吃	[t^{h}o^{33}]	tob	撒娇	[ɛ^{44}lia^{33}]	ait liab
杀~人	[ma^{31}]	maf	扇~风	[zen^{31}]	nenf
晒~衣服	[tsa^{33}]	zab	伤~了手	[ɕi^{44}/moŋ^{33}]	xit/mongb
上~楼	[tɕi^{44}]	jit	烧~茶	[t^{h}o^{33}]	tob
烧~山	[p^{h}i^{35}]	pid	射~箭	[paŋ^{35}]	bangd
伸~懒腰	[ti^{33}ni^{55}]	dib nix	生~疮	[ɕaŋ^{31}/tɕaŋ^{55}]	xangf/jangx
收~信	[sei^{53}]	seik	收拾~房子	[ɕ^{h}u^{33}ɕ^{h}a^{33}]	hxub hxab
漱~口	[sa^{35}lo^{44}]	sad lot	数~数目	[x^{h}i^{35}]	hvid
闩~门	[li^{55}]	lix	甩~手榴弹	[ko^{55}]	gox
送~他回去	[s^{h}oŋ^{44}]	hsongt	睡着	[pi^{44}taŋ^{55}]	bit dangx

续 表

词目	国际音标	苗文	词目	国际音标	苗文
锁~箱子	[s^{h}u^{35}]	hsud	搜~山	[s^{h}en^{53}]	hsenk
踏~上一只脚	[tiə^{55}/ten^{31}]	diex/denf	塌~下去	[paŋ^{33}/lo^{13}]	bangb/los
躺~在床上	[pi^{44}]	bit	淌~眼泪	[pɛ^{55}]	baix
淘~米	[tsaŋ^{55}]	zangx	掏~出来	[ɬiu^{55}]	dliux
剃~头	[t^{h}i^{44}]	tit	套~上一件衣服	[kaŋ^{55}]	gangx
停	[tɕə^{53}tɕə^{11}]	jek jel	填~坑	[pə^{55}]	bex
偷	[niaŋ^{13}]	niangs	通	[t^{h}oŋ^{33}]	tongb
退	[tiaŋ^{35}]	diangd	吞	[ŋaŋ^{11}]	ngangl
拖~木头	[ten^{11}/t^{h}iə^{44}]	denl/tiet	脱~鞋	[ɬ^{h}i^{35}]	hlid
贪污	[ɣa^{13}hi^{33}]	vas hib	挖~地	[qoŋ^{13}]	ghongs
煨~红薯	[p^{h}i^{33}]	pib	围~敌人	[vɛ^{55}]	waix
问	[nɛ^{13}/na^{13}]	nais/nas	握~手	[tə^{53}]	dek

续 表

词目	国际音标	苗文	词目	国际音标	苗文
熄~灯	[$f^{h}ə^{53}$]	hfek	捂~着嘴	[$mə^{13}$]	mes
下~楼	[$ŋa^{11}$]	ngal	洗~碗	[sa^{35}]	sad
吓唬	[$ha^{53}/ʑa^{31}$]	hak/yaf	掀~开帘子	[$p^{h}a^{33}$]	pab
陷~下去	[$ɬ^{h}ioŋ^{53}$]	hliongk	醒	[nin^{13}]	nins
笑	[$tiə^{53}$]	diek	笑眯眯	[$tiə^{53}ki^{33}ni^{33}$]	diek gib nib
修~机器	[$tɕ^{h}ə^{44}$]	qet	淹~死	[$taŋ^{55}$]	dangx
绣~花	[$ɣi^{13}/ɬiə^{35}$]	vis/dlied	养~鱼	[$ʑi^{13}$]	yis
摇~头	[va^{13}]	was	摇摇晃晃	[$pa^{55}tia^{55}$/ $a^{33}tia^{55}a^{33}mə^{33}$]	bax diax/ab diax ab meb
攒~钱	[qu^{53}]	ghuk	栽~树	[$tɕen^{11}$]	jenl
凿	[so^{13}]	sos	造谣	[$m^{h}a^{44}a^{55}tei^{55}to^{55}paŋ^{31}$ $lɛ^{33}x^{h}ə^{33}s^{h}ei^{35}$]	hmat ax deix dox bangf laib hveb hseid

续 表

词目	国际音标	苗文	词目	国际音标	苗文
扎猛子	[tia^{53}qaŋ^{35}ə^{33}]	diak ghangd eb	扎用针～	[paŋ^{44}/tɕ^{h}aŋ^{33}]	bangt/qangb
榨～油	[tɕa^{53}]	jak	轧～棉花	[qei^{53}]	gheik
招～手	[f^{h}a^{44}]	hfat	摘～下帽子	[ɬ^{h}i^{35}]	hlid
争～地盘	[ɕi^{44}lu^{31}]	xit luf	照～镜子	[x^{h}a^{44}]	hvat
指～方向	[t^{h}u^{44}]	tut	织～布	[ɛ^{44}to^{53}]	ait dok
转～动	[va^{13}]	was	拄～拐棍	[nia^{13}]	nias
装～粮食	[tɕa^{13}/la^{13}]	jas/las	捉～鸡	[vi^{11}]	wil
挖～洞	[qoŋ^{13}]	ghongs	灭火～了	[f^{h}ə^{53}]	hfek
燃火～了	[tɕen^{13}]	jens	啄鸡～米	[tɕ^{h}ə^{33}/tɕu^{53}]	qeb/juk
觅食扁嘴禽类在河塘里觅食	[ɣaŋ^{13}naŋ^{55}]	vangs nangx	扑老虎～羊	[tia^{53}p^{h}u^{44}mə^{13}]	diak put mes
钻老鼠～洞	[ɬen^{11}]	dlenl	蜇马蜂～人	[paŋ^{44}]	bangt

续 表

词目	国际音标	苗文	词目	国际音标	苗文
接 你扔，我～	[sei^{53}]	seik	蹭 牛在树上～	[tɕ^{h}aŋ^{44}qa^{33}/ x^{h}ə^{35}x^{h}aŋ^{33}]	qangt ghab/hved hvangb
呛 辣椒味儿～鼻子	[ts^{h}ɛ^{33}ŋo^{11}]	caib ngol	熏 烟～眼	[tɕ^{h}u^{33}]	qub
嗑 ～瓜子	[p^{h}a^{44}]	pat	扭 脚～了	[zen^{53}]	nenk
打嗝 连续不断地发出～～声音	[tə^{53}ə^{53}]	dek ek	吹 ～口哨	[ts^{h}o^{33}]	cob
抚摸 ～孩子的头	[ɬ^{h}ɛ^{44}]	hlait	甩 把蔬菜上的水～掉	[fi^{53}]	fik
化 雪～了	[ʑaŋ^{55}]	yangx	消 肿～了	[p^{h}en^{53}]	penk
祝酒	[ɦaŋ^{33}ɦu^{44}tɕu^{35}]	hfangb hfut jud	要 我～去北京	[noŋ^{13}]	nongs
气 别～我	[tɕ^{h}i^{44}]	qit	爱 ～她	[ɬ^{h}i^{33}]	hlib
传 一代～一代	[ɕi^{44}tɕo^{33}/ɕi^{44}ɕaŋ^{13}]	xit job/xit xangs	败	[ku^{13}]	gus
进 ～出来了	[tu^{13}]	dus	比	[pi^{55}]	bix

续 表

词目	国际音标	苗文	词目	国际音标	苗文
馋~嘴	[xʰi^{44}xʰoŋ^{44}]	hvit hvongt	催~促	[tsʰui^{33}]	cuib
代替	[tʰi^{44}]	tit	得到	[tɛ^{44}so^{13}]	dait sos
带~路	[ʑaŋ^{11}]	yangl	赌气	[a^{55}qa^{33}tɕʰi^{44}]	ax ghab qit
懂~事	[pu^{33}]	bub	犯~法	[sʰa^{35}]	hsad
改	[kɛ^{55}/vɛ^{31}]	gaix/waif	分~家	[tsʰɛ^{44}]	cait
恨	[tɕʰi^{44}/moŋ^{31}xʰi^{33}]	qit/mongf hvib	管~事情	[kə^{55}]	gex
救~命	[ɬiu^{53}]	dliuk	减	[ɕu^{13}]	xus
开~会	[kʰɛ^{33}]	kaib	开始	[tɕʰen^{35}fu^{35}]	qend fud
赖~我	[lɛ^{35}]	laid	理睬	[tsoŋ^{33}zɛ^{55}/lə^{55}]	zongb naix/lex
练~武艺	[ɛ^{44}ɕʰaŋ^{44}ʑi^{33}tia^{13}]	ait hxangt yib dias 做-增添-依-赶，“重复做”	请	[ɬa^{53}]	dlak
搞~坏了	[ɛ^{44}]	ait	舍~不得	[se^{55}]	seex
求~人帮忙	[ɬa^{53}]	dlak	试试	[ʑaŋ^{13}ʑaŋ^{13}/ɕʰi^{44}ɕʰi^{44}]	yangs yangs/hxit hxit

续 表

词目	国际音标	苗文	词目	国际音标	苗文
剩～下	[lei^{31}]	leif	讨饭	[ɬa^{53}ka^{35}]	dlak gad
算～账	[s^{h}en^{44}]	hsent	信相～	[s^{h}en^{44}]	hsent
听见	[n^{h}aŋ^{35}ʑaŋ^{55}]	hnangd yangx	赢	[ʑen^{31}]	yenf
遇见	[ɕi^{44}tɕa^{13}]	xit jas	长～大	[ɬ^{h}iə^{33}]	hlieb
值得	[ɕen^{31}tɛ^{44}]	xenf dait	住～哪儿	[niaŋ^{33}]	niangb
做～事情	[ɛ^{44}]	ait	敢	[kɛ^{55}]	gaix
称赞	[hen^{44}/hen^{44}ŋa^{13}]	hent/hent ngas	讽刺	[x^{h}ə^{33}naŋ^{55}nɛ^{55}/ s^{h}ei^{35}tɕ^{h}i^{44}nɛ^{55}]	hveb nangx naix/ hseid qit naix
答应	[n^{h}aŋ^{35}x^{h}ə^{33}]	hnangd hveb	道理	[qa^{33}li^{11}]	ghab lil
告状	[qo^{44}li^{11}/qo^{44}sə^{44}]	ghot lil/ghot set	哼呻吟	[hen^{44}]	hent
唤～狗	[tɕi^{33}]	jib	叫牛～鸟～	[ken^{55}]	genx
叫狗向熟人摇尾乞怜的叫	[ɕ^{h}i^{13}]	hxis	叫公鸡啼	[qa^{44}]	ghat

续 表

词目	国际音标	苗文	词目	国际音标	苗文
叫母鸡下蛋的叫	[q^{h}o^{44}]	khot	耳语	[ɕi^{44}s^{h}a^{44}/ ɕi^{44}s^{h}a^{44}qa^{33}nɛ^{55}]	xit hsat/xit hsat ghab naix
谎话	[lɛ^{33}s^{h}ei^{35}ɬa^{33}nɛ^{55}/ lɛ^{33}x^{h}ə^{33}ɬa^{33}nɛ^{55}/ lɛ^{33}s^{h}ei^{35}ɬio^{44}/ lɛ^{33}x^{h}ə^{33}ɬio^{44}]	laib hseid dlab naix/ laib hveb dlab naix/ laib hseid dliot/laib hveb dliot	笑话	[s^{h}ei^{35}tiə^{53}]	hseid diek
美风景～	[ɣu^{44}vaŋ^{33}/ɣu^{44}ɕ^{h}i^{35}]	vut wangb/vut hxid	正不歪	[tei^{55}]	deix
斜	[tiə^{44}]	diet	偏	[vi^{55}/tiə^{44}]	wix/diet
弱	[lia^{53}/a^{55}poŋ^{44}tɕ^{h}aŋ^{33}]	liak/ax bongt qangb	横	[faŋ^{31}]	fangf
凉快	[x^{h}en^{44}ɣə^{13}]	hvent ves	粘	[ɣi^{44}]	vit
烫～手	[k^{h}i^{33}]	kib	胀肚子～	[tin^{44}en^{44}]	dint ent
涩	[pen^{35}/tɕ^{h}ə^{53}q^{h}ə^{53}]	bend/qek khek	生瓜是～的	[niu^{11}]	niul
蔫晒～了	[mɛ^{13}ɣə^{13}]	mais ves	熟～饭	[ɕ^{h}aŋ^{35}]	hxangd
活	[ɣə^{13}]	ves	新鲜	[x^{h}i^{33}mɛ^{13}]	hvib mais

续　表

词目	国际音标	苗文	词目	国际音标	苗文
暗	[tsə^{53}]	zek	麻手发～	[tɕu^{53}tɕi^{53}]	juk jik
花～衣服	[tu^{13}paŋ^{55}]	dus bangx	清楚	[ɕen^{35}ten^{13}]	xend dens
饱	[ɕaŋ^{35}]	xangd	嫩菜很～	[ɣaŋ^{44}]	vangt
浓～茶	[niu^{13}]	nius	脆形容词	[kaŋ^{44}]	gangt
臊	[haŋ^{44}za^{31}]	hangt naf	淡～茶	[ɕen^{13}]	xens
够	[qo^{44}]	ghot	膻羊～	[haŋ^{44}ʑə^{53}]	hangt yek
霉衣服～	[mu^{53}]	muk	破竹竿～了	[tu^{13}]	dus
腐朽	[mu^{53}]	muk	糟衣服太旧而变得不结实了	[mu^{53}]	muk
空箱子是～的	[q^{h}oŋ^{44}]	khongt	困倦	[qo^{44}ɣə^{13}/mɛ^{13}ɣə^{13}]	ghot ves/mais ves
烦闷	[ɕa^{35}x^{h}i^{33}]	xad hvib	满	[pɛ^{35}]	baid
齐	[toŋ^{55}]	dongx	闷热	[en^{44}men^{44}]	ent ment

续 表

词目	国际音标	苗文	词目	国际音标	苗文
乱七八糟	[vaŋ^{55}qaŋ^{33}faŋ^{33}lia^{13}]	wangx ghangb fangb lias	乱	[pa^{11}]	bal
披头散发的	[tsaŋ^{11}q^{h}o^{33}tsaŋ^{11} f^{h}u^{35}]	zangl khob zangl hfud	蓬乱头发～	[tɕaŋ^{44}hen^{13}tɕaŋ^{44} tɕu^{53}/ta^{44}ta^{44}nɛ^{33}nɛ^{33}]	jangt hens jangt juk/ dat dat naib naib
顺	[la^{11}/toŋ^{55}]	lal/dongx	秃	[ɬiaŋ^{44}]	dliangt
慌	[f̥^{h}aŋ^{33}]	hfangb	滑	[ɬ^{h}aŋ^{44}]	hlangt
嘶哑	[s^{h}aŋ^{35}qoŋ^{35}]	hsangd ghongd	真	[ti^{13}/tɕi^{13}tei^{55}]	dis/jis deix
假	[ɬa^{33}paŋ^{11}/ a^{55}tei^{55}paŋ^{11}]	dlab bangl/ax deix bangl	输	[ko^{13}]	gos
合衣服～身	[tei^{35}/ho^{31}]	deid/hof	醉～酒	[ko^{13}]	gos
好看	[ɣu^{44}ŋi^{44}/ɣu^{44}ɕ^{h}i^{35}]	vut ngit/vut hxid	松～软	[to^{13}]	dos
响	[pə^{44}/ɬoŋ^{44}]	bet/dlongt	难看	[a^{55}ɣu^{44}ŋi^{44}/ a^{55}ɣu^{44}ɕ^{h}i^{35}]	ax vut ngit/ax ɣut hxid
像～他哥哥	[ɕi^{44}ho^{31}]	xit hof	安静	[taŋ^{31}]	dangf

续 表

词目	国际音标	苗文	词目	国际音标	苗文
尽好话说～	[tɕu^{11}]	jul	成做～了	[tɕaŋ^{55}]	jangx
辛苦	[ɕ^{h}a^{44}ta^{35}]	hxat dad	可怜	[ɛ^{44}ha^{44}]	ait hat
聪明	[tɕi^{44}/ɣa^{13}]	jit/vas	蠢	[ɬoŋ^{11}]	dlongl
恶	[ʑaŋ^{31}]	yangf	善	[ɣu^{44}x^{h}i^{33}]	vut hvib
狠毒	[ʑaŋ^{31}ki^{35}nia^{35}]	yangf gid niad	机灵	[tɕi^{44}/ɣa^{13}]	jit/vas
急	[za^{31}]	naf	狡猾	[tso^{44}/tɛ^{11}tso^{44}]	zot/dail zot
客气	[pu^{33}li^{11}]	bub lil	巧	[su^{55}pi^{11}]	sux bil
习惯	[ɛ^{44}lia^{13}x^{h}i^{33}]	ait lias hvib	十一	[tɕu^{31}qɛ^{35}]	juf ghaid
十二	[tɕu^{31}o^{33}]	juf ob	十三	[tɕu^{31}pi^{33}]	juf bib
十四	[tɕu^{31}ɬo^{33}/tɕu^{31}ɬu^{33}]	juf dlob/juf dlub	十五	[tɕu^{31}tsa^{33}]	juf zab
十六	[tɕu^{31}tiu^{44}]	juf diut	十七	[tɕu^{31}ɕoŋ^{13}]	juf xongs
十八	[tɕu^{31}ʑa^{31}]	juf yaf	十九	[tɕu^{31}tɕə^{55}]	juf jex

续 表

词目	国际音标	苗文	词目	国际音标	苗文
四十	[$ɬo^{33}tɕu^{31}$]	dlob juf	五十	[$tsa^{33}tɕu^{31}$]	zab juf
六十	[$tiu^{44}tɕu^{31}$]	diut juf	七十	[$ɕoŋ^{13}tɕu^{31}$]	xongs juf
八十	[$ʑa^{31}tɕu^{31}$]	yaf juf	九十	[$tɕə^{55}tɕu^{31}$]	jex juf
千	[$s^haŋ^{33}$]	hsangb	万	[$vaŋ^{13}$]	wangs
一百零一	[$i^{33}pa^{44}lin^{31}i^{33}$]	ib bat linf ib	零	[lin^{31}]	linf
第二	[$o^{33}/ti^{35}ɛ^{35}$]	ob/did aid	三千零五十	[$pi^{33}s^haŋ^{33}lin^{31}tsa^{33}tɕu^{31}$]	bib hsangb linf zab juf
第十	[$tɕu^{31}/ti^{35}sɿ^{31}/ti^{35}tɕu^{31}$]	juf/did sif/did juf	第三	[$pi^{33}/ti^{35}sɛ^{33}$]	bib/did saib
甲天干第一	[$tɕa^{31}$]	jaf	第十一	[$tɕu^{31}qɛ^{35}/ti^{35}sɿ^{31}i^{33}$]	juf ghaid/did sif ib
丙天干第三	[$tsen^{35}$]	zend	乙天干第二	[$ʑi^{31}$]	yif
戊天干第五	[mu^{13}]	mus	丁天干第四	[tin^{33}]	dinb
庚天干第七	[ken^{33}]	genb	己天干第六	[$tɕi^{44}$]	jit
壬天干第九	[ni^{55}]	nix	辛天干第八	[s^hen^{33}]	hsenb

续 表

词目	国际音标	苗文	词目	国际音标	苗文
末名	[qa^{33}ku^{31}]	ghab guf	癸$_{\text{天干第十}}$	[qen^{35}]	ghend
双$_{\text{成对}}$	[poŋ^{11}/qa^{33}poŋ^{11}]	bongl/ghab bongl	单$_{\text{不成双}}$	[tɕu^{13}/tɕu^{13}lɛ^{33}]	jus/jus laib
半斤	[taŋ^{11}tɕaŋ^{33}]	dangl jangb	大半$_{\text{～个}}$	[i^{33}taŋ^{11}nɛ^{44}]	ib dangl nait
只$_{\text{专用于计量成对的东西之一，如一～鞋}}$	[tɕi^{11}]	jil	个$_{\text{一～月}}$	[(i^{33}) tɕo^{55} (ɬ^{h}a^{44}) / (i^{33}) lɛ^{33}]	(ib) jox (hlat) / (ib) laib
把$_{\text{一～米}}$	[pa^{33}]	bab	把$_{\text{一～韭菜}}$	[pa^{33}]	bab
缕$_{\text{一～线}}$	[li^{33}/ɬ^{h}ioŋ^{33}]	lib/hliongb	把$_{\text{一～扫帚}}$	[tiaŋ^{33}]	diangb
串$_{\text{一～辣椒}}$	[tsoŋ^{13}]	zongs	包$_{\text{一～东西}}$	[po^{33}]	bob
担$_{\text{一～行李}}$	[qaŋ^{44}]	ghangt	代$_{\text{一～人}}$	[saŋ^{13}]	sangs
点$_{\text{一～钟}}$	[tie^{55}]	dieex	滴$_{\text{一～油}}$	[niu^{13}]	nius
段$_{\text{一～路}}$	[qɛ^{35}]	ghaid	蔸$_{\text{一～禾}}$	[tiu^{13}]	dius
丛$_{\text{一～草}}$	[koŋ^{53}]	gongk	堆$_{\text{一～粪}}$	[nen^{13}]	nens
双$_{\text{一～手}}$	[poŋ^{11}]	bongl	对$_{\text{一～兔子}}$	[poŋ^{11}]	bongl

续 表

词目	国际音标	苗文	词目	国际音标	苗文
窝一~猪	[ɣi^{11}]	vil	封一~信	[foŋ^{33}]	fongb
根一~扁担	[tiaŋ^{33}]	diangb	间一~房	[tɕ^{h}oŋ^{35}]	qongd
件一~衣	[p^{h}aŋ^{33}]	pangb	丈一~	[tsaŋ^{35}]	zangd
尺一~	[tɕ^{h}i^{53}]	qik	寸一~	[ts^{h}en^{44}]	cent
分一~钱	[fen^{33}]	fenb	庹成人两臂左右平伸时两臂间的距离	[ɬiaŋ^{55}]	dliangx
拃张开的大拇指和中指（或小指）两端间的距离	[ɬo^{44}]	dlot	里一~	[li^{11}]	lil
斤一~酒	[tɕaŋ^{33}]	jangb	两一~酒	[liaŋ^{11}]	liangl
钱一~银子	[saŋ^{55}]	sangx	亩一~地	[mu^{55}]	mux
分一~地	[fen^{33}]	fenb	句一~话	[tɕo^{55}]	jox
张一~纸	[liu^{11}]	liul	片一~树叶	[liu^{11}]	liul

续 表

词目	国际音标	苗文	词目	国际音标	苗文
瓣—～柑子，—～花瓣	[li^{33}]	lib	块—～石头	[ɬei^{31}/ɕaŋ^{33}/liu^{11}]	dleif/xangb/liul
块—～地	[liu^{11}]	liul	年—～	[n^{h}iu^{44}]	hniut
面—～旗	[liu^{11}]	liul	天—～	[n^{h}ɛ^{33}]	hnaib
岁—～	[n^{h}iu^{44}]	hniut	阵—～风	[qaŋ^{55}]	ghangx
夜—～	[m^{h}aŋ^{44}]	hmangt	筒—～米	[tioŋ^{55}/ti^{44}]	diongx/dit
群—～羊	[pa^{13}/moŋ^{11}]	bas/mongl	斗—～米	[to^{35}]	dod
升—～米	[ɕ^{h}en^{33}]	hxenb	桶—～水	[ti^{31}]	dif
碗—～饭	[ti^{44}]	dit	瓶—～酒	[t^{h}o^{53}]	tok
首—～歌	[tiu^{55}]	diux	本—～书	[pen^{55}]	benx
层—～楼	[saŋ^{55}]	sangx	层—～布，特指软物的层次	[saŋ^{55}]	sangx
级—～台阶	[saŋ^{55}]	sangx	泡—～尿	[to^{33}]	dob

续　表

词目	国际音标	苗文	词目	国际音标	苗文
盏一～灯	[lɛ^{33}]	laib	遍说一～	[tsa^{13}]	zas
样一～东西	[tɕen^{13}]	jens	次去一～	[tia^{13}]	dias
回来一～	[tia^{13}]	dias	口咬一～	[ha^{35}/lo^{44}]	had/lot
脚踢一～	[lɛ^{33}]	laib	你俩	[moŋ^{55}o^{33}]	mongx ob
我俩	[o^{33}lɛ^{55}]	ob laix	他俩	[nin^{55}o^{33}]	ninx ob
这	[lɛ^{33}noŋ^{35}]	laib nongd	这边	[p^{h}a^{44}noŋ^{35}]	pat nongd
这些	[to^{11}noŋ^{35}]	dol nongd	那较远指	[pə^{44}ɛ^{33}]	bet aib
那最远指	[pə^{44}to^{11}ɛ^{33}]	bet dol aib	那边	[pə^{44}ɛ^{33}]	bet aib
那些	[to^{11}ɛ^{33}]	dol aib	全～是我们的	[tɕu^{11}tɕu^{11}]	jul jul
光～说不行	[kuaŋ^{33}]	guangb	一定～去	[qa^{55}ɛ^{44}nen^{35}/ tɕu^{13}ɛ^{44}nen^{35}]	ghax ait nend/jus ait nend
真～好	[tɕu^{13}tei^{55}]	jius deix	先你～走	[taŋ^{11}f^{h}u^{35}/ɕe^{33}]	dangl hfud/xeeb
把～猪卖了	[ta^{35}]	dad	被～同志们挡住了	[ʑen^{13}]	yens

续 表

词目	国际音标	苗文	词目	国际音标	苗文
比~月亮大	[pi^{55}]	bix	给~他写信	[pɛ^{33}]	baib
从	[kaŋ^{11}]	gangl	在	[niaŋ^{33}]	niangb
爱面子	[ə^{44}qa^{33}mɛ^{13}]	et ghab mais	吹木叶	[ts^{h}o^{33}nə^{55}]	cob nex
这一	[i^{33}lɛ^{33}noŋ^{35}]	ibs laib nongd	第一	[s^{h}a^{44}ten^{55}/s^{h}a^{44}f^{h}u^{35}]	hsat denx/hsat hfud
片一~山	[liu^{11}]	liul	蔸一~菜	[fu^{35}]	fud
块一~碑	[liu^{11}]	liul	后	[taŋ^{11}qaŋ^{33}]	dangl ghangb
暂停	[mɛ^{13}tsaŋ^{31}/ taŋ^{11}nen^{53}]	mais zangf/dangl nenk			

凯里养蒿寨苗语语法

0001. 他说的话很对。

[nin^{55}m^{h}a^{44}lɛ^{33}x^{h}ə^{33}s^{h}a^{44}ti^{13}.]

Ninx hmat laib hveb hsat dis.

他 说 的 话 很 对

0002. 树上有三只鸟。

[tɛ^{11}tə^{44}haŋ^{33}vɛ^{55}niaŋ^{33}pi^{33}tɛ^{11}nə^{13}.]

Dail det*① hangb waix niangb bib dail nes.

树 上 有 三 只，动物词头 鸟

0003. 是你把衣服洗了吗？

[ti^{13}moŋ^{55}pa^{55}u^{35}s^{h}o^{44}yaŋ^{55}?]

Dis mongx bax ud hsot yangx?

是 你 把 衣 洗 了

0004. 你有兄弟没有？

[moŋ^{55}niaŋ^{33}pə^{35}u^{44}a^{55}niaŋ^{33}?/moŋ^{55}niaŋ^{33}tɕi^{35}ta^{55}a^{55}niaŋ^{33}?]

---

① 下划线部分表示该部分是词，下同。

Mongx niangb bed ut ax niangb?/Mongx niangb jid dax ax
你 有 兄 弟 没，不 有 你 有 兄弟 没，不

niangb?
有

0005. 怎么不带伞呢？看天色会下雨吧？

[m̩^{55}ɛ^{44}tei^{13}a^{55}tə^{53}s^{h}aŋ^{44}a? ŋi^{44}lɛ^{33}vɛ^{55}noŋ^{44}lo^{11}noŋ^{13}lei^{31}?]

Mx ait deis ax dek hsangt a? ngit laib waix nongt lol nongs leif?
你 怎么 不 带 伞 啊 看（词头）天 将要 落 雨 吧

0006. 你喜欢吃李子还是桃子？

[m̩^{55}ɬ^{h}i^{33}naŋ^{55}tsen^{35}zaŋ^{13}ho^{44}ʑe^{31}tsen^{35}ɬen^{55}?]

Mx hlib nangx zend nangs hot yef zend dlenx?
你 喜欢 吃 果子 李子 或是 果子 桃子

0007. 谁卖给你们玉米种子？

[tɛ^{11}qei^{55}mɛ^{13}ti^{0}moŋ^{55}qa^{33}n^{h}iu^{33}ka^{35}tiə^{11}?]

Dail gheix mais di mongx ghab hniub gad diel?
谁 卖 的 你们 种子 玉米

0008. 别带妹妹去河边玩。

[a^{55}ki^{35}ʑaŋ^{11}a^{35}ʑu^{44}moŋ^{11}qa^{33}pu^{44}ə^{33}ɛ^{44}loŋ^{13}.]

Ax gid yangl ad yut mongl ghab but eb ait longs.
不要/别 带/引 妹妹 去 旁边 水 干，做 玩

0009. 哎呀，鱼儿被猫叼走啦！

[ei^{33}ʑa^{31},tɛ^{11}zɛ^{11}ɬia^{44}mo^{33}ki^{35}moŋ^{11}ʑaŋ^{55}.]

Eib yaf, dail nail dliat dail mob gid mongl yangx.
哎呀 鱼 被 猫 叼 走 了

0010. 你广西人，我贵州人。

[moŋ^{55}kuaŋ^{55}ɕi^{33}nɛ^{55}, vi^{11}kui^{35}tsə^{33}nɛ^{55}.]

Mongx guangx xib naix, wil guid zeb naix.

你 广西 人 我 贵州 人

0011. 因为路太窄，所以车子过不去。

[paŋ^{13}tɕo^{55}ki^{35}ŋi^{31}va^{44}, ɛ^{44}noŋ^{35}tɕo^{55}tsʰei^{33}tsɿ^{55}ʑə^{35}moŋ^{11}a^{55}lei^{44}.]

Bangs jox gid ngif wat, ait nongd jox ceib zix yed mongl ax leit.

为/因为 路 窄 太 这样/所以 车子 又 去 不 到

0012. 他边走边唱。

[nin^{55}pi^{11}ʑi^{11}haŋ^{33}ki^{35}pi^{11}ʑi^{11}ko^{11}ɕʰa^{53}.]

Ninx bil yil hangb gid bil yil gol hxak.

他 一边 走 路 一边 唱 歌

0013. 我们去种树，弟弟种了一株桃树，我种了两株梨树。

[pi^{33}moŋ^{11}tɕen^{11}tə^{44}, u^{44}ʑu^{44}tɕen^{11}tɕaŋ^{55}i^{33}tiu^{13}tə^{44}ɬen^{55}, vi^{11}tɕen^{11} o^{33}tiu^{13}tə^{44}ɣa^{55}.]

Bib mongl jenl det, ut yut jenl jangx ib dius det dlenx, wil

我们 去 种 树 弟弟 种 完成 一 株，量词 桃树 我

jenl ob dius det vax.

种 二 株，量词 梨树

0014. 今天他在这儿住一晚上。

[nʰɛ^{33}noŋ^{35}nin^{55}niaŋ^{33}pə^{44}noŋ^{35}pi^{44}i^{33}mʰang^{44}.]

hnaib nongd ninx niangb bet nongd bit ib hmangt.

太阳/天$_{昨\sim}$ 这 他 在 处所 这 躺 一 晚，夜

0015.a. 我的两只手都脏了。

[vi^{11}paŋ^{31}o^{33}tɕi^{11}pi^{11}tə^{33}va^{44}ʑaŋ^{55}.]

Wil bangf ob jil bil deb wat yangx.

我 的 二 只，量词 手 都 脏 了

b. 我两只手都脏了。

[vi^{11}paŋ^{31}o^{33}tɕi^{11}pi^{11}tə^{33}va^{44}ʑaŋ^{55}.]

Wil bangf ob jil bil deb wat yangx.

我 的 二 只 手 都 脏 了

0016.a. 天天下雨。

[n^{h}ɛ^{33}n^{h}ɛ^{33}ta^{55}noŋ^{13}.]

Hnaib hnaib dax nongs.

天 天 落，下 雨

b. 树树满山。意思是树木满山。

[to^{11}tə^{44}pɛ^{35}po^{53}]

Dol det baid bok.

树 满 山

0017. 这头猪好肥啊！

[tɛ^{11}pa^{44}noŋ^{35}s^{h}a^{44}tiaŋ^{13}.]

Dail bat nongd hsat diangs!

猪 这 很，非常 肥

0018. 父亲是铁匠，母亲是农民，我是学生，弟弟也是学生。

[pa^{35}ti^{13}tɛ^{11}ɕaŋ^{13}taŋ^{44}ɬ^{h}ə^{44}, maŋ^{13}ti^{13}tɛ^{11}nɛ^{55}ɛ^{44}qə^{33},
vi^{11}ti^{13}tɛ^{11}ɕo^{31}sen^{33},u^{44}ʑu^{44}sei^{55}ti^{13}tɛ^{11}ɕo^{31}sen^{33}.]

Bad dis dail xangs dangt hlet, mangs dis dail naix ait gheb,
父 是个体量词 匠 铸造 铁 母 是 个 人 做 庄稼/活儿

wil dis dail xof senb, ut yut seix dis dail xof senb.
我 是 个 学生 弟弟 也 是 个 学生

0019. 姐妹俩勤快能干，不是织布就是绣花。

[o^{33}tɕi^{35}a^{35}kaŋ^{44}ŋa^{13}su^{55}pi^{11}, a^{55}moŋ^{13}ɛ^{44}to^{53}qa^{55}moŋ^{13}ɣi^{13}paŋ^{55}.]

Ob jid ad gangt ngas sux bil, ax mongs ait dok
二 姐妹 快 勤快（勤快） 会手（巧手） 不 去 做 织

ghax mongs vis bangx.
就 去 绣 花

0020. 他寄来的三本书已经看完啦。

[nin^{55}s^{h}oŋ^{44}lo^{11}paŋ^{31}pi^{33}pen^{55}tu^{35}sei^{55}ŋi^{44}tɕu^{11}ʑaŋ^{55}.]

Ninx hsongt lol bangf bib benx dud seix ngit jul yangx.
他 送（寄）来 的 三 本 纸也，已 看 完 了

0021. 我们养了一只公鸡两只母鸡，还有一只公狗和一只母狗。

[pi^{33}ʑi^{13}niaŋ^{33}tɛ^{11}pa^{35}qei^{33},o^{33}tɛ^{11}mi^{31}qei^{33}, tɛ^{11}i^{33}tɛ^{11}pa^{35}ɬa^{35}, su^{11}i^{33} tɛ^{11}mi^{31}ɬa^{35}.]

Bib yis niangb dail bad gheib, ob dail mif gheib,
我们 养 有 个体量词/（一）只 雄性 鸡 二 只 雌 鸡

dail ib dail bad dlad, sul ib dail mif dlad.
（一）只 一 只 雄 狗 和 一 只 母 狗

0022. 他家有两个小孩儿，一男一女。

[nin^{55}tsɛ^{35}niaŋ^{33}o^{33}tɛ^{11}tɕu^{33}tɛ^{33}, i^{33}tɛ^{11}tɕu^{33}pə^{35}, i^{33}tɛ^{11}tɕu^{33}a^{35}.]

Ninx zaid niangb ob dail jub daib, ib dail jub bed, ib dail jub ad.
他 家 有 二 个 小孩 一 个 男孩 一 个 女孩

0023. 家里酒没有了，肉也没有了。

[tiu^{33}tsɛ^{35}tɕu^{35}a^{55}niaŋ^{33}ʑə^{11},ŋa^{55}a^{55}niaŋ^{33}ʑə^{11}.]

Diub zaid jud ax niangb yel, ngax ax niangb yel.

…之内 房，屋 酒 没 有 了 肉 没 有 了

（家里）

0024. 昨天星期天，我下午去你们家，等了半天你都没回来。

[nʰɛ^{33}noŋ^{11}ɕen^{33}tɕʰi^{33}tʰie^{33},vi^{11}tioŋ^{33}nʰɛ^{33}fa^{44}ta^{55}moŋ^{11}moŋ^{55}tsɛ^{35}, taŋ^{11}tɕaŋ^{55}taŋ^{11}nʰɛ^{33}moŋ^{55}sei^{55}a^{55}lo^{11}.]

Hnaib nongl xenb qib tieeb, wil diongb hnaib fat dax mongl

昨天 星期天 我 中间 天/日 超过 前往

mongx zaid, dangl jangx dangl hnaib mongx seix ax lol.

你 家 等 完成 半 天，日 你 也 没 来

0025. 儿子每月回一趟家，这次给父母买来葡萄，每斤8元呢。

[tɛ^{11}tɛ^{33}mei^{55}ɬʰa^{44}tiaŋ^{35}tsɛ^{35}i^{33}tia^{13},tia^{13}noŋ^{35}tə^{13}tɛ^{11}pa^{35}tɛ^{11}maŋ^{13}, mɛ^{11}lo^{11}pʰu^{31}tʰo^{31},mei^{55}tɕaŋ^{33}ʑa^{31}kʰue^{55}nɛ^{11}.]

Dail daib meix hlat diangd zaid ib dias, dias nongd des dail bad

儿子 每 月 回 家 一 趟 趟 这 给 爸

dail mangs, mail lol puf tof, meix jangb yaf kueex nail

妈 买 来 葡萄 每 斤 八 块 呢

0026. 我了解我自己，自己的事情我自己做。

[vi^{11}noŋ^{31}pu^{33}vi^{11}paŋ^{31}qa^{33}tɕi^{35}, noŋ^{31}pa^{31}to^{11}qə^{33}ki^{35}vi^{11}noŋ^{31}ɛ^{44}.]

Wil nongf bub wil bangf ghab jid, nongf bangf dol gheb gid

我 自己 了解 我 的 名词前缀 身子 自己 的 活儿

（自己） （事情）

wil nongf ait.

我 自己 做

0027. 这个人是我姐姐，那个人不是我姐姐。

[tε^{11}nε^{55}noŋ^{44}ti^{13}vi^{11}a^{35}, tε^{11}moŋ^{55}a^{55}ti^{13}vi^{11}a^{35}.]

Dail naix nongt dis wil ad, dail mongx ax dis wil ad.

个体量词 人 这 是 我 姐姐 个体量词 那 不 是 我 姐姐

0028.a. 你的书在这儿。

[moŋ^{55}paŋ^{31}tu^{35}niaŋ^{33}pə^{44}noŋ^{35}.]

Mongx bangf dud niangb bet nongd.

你 的 书 在 处所 这

b. 图书馆的书在那儿。

[t^{h}u^{31}su^{33}kue^{55}paŋ^{31}tu^{35}niaŋ^{33}pə^{44}ε^{33}.]

<u>Tuf sub gueex</u> bangf dud niangb bet aib.

图书馆 的 书 在 处所 那

0029. 这会儿才 5 点钟，两根大木头就运到了。

[tsa^{13}noŋ^{35}tɕə^{31}vu^{55}tie^{55}tsoŋ^{33}, o^{33}qei^{13}tə^{44}ɬ^{h}iə^{33}to^{55}t^{h}iə^{44}lo^{11}lei^{44}ʑaŋ^{55}.]

Zas nongd jef wux dieex zongb, ob gheis det hlieb dox tiet lol leit yangx.

一会儿 这 才 五 点 钟 二 量词 树木 大 驮 拉，牵 来 到达 了

0030. 你的歌唱得这么好，再来一首。

[moŋ^{55}ɕ^{h}a^{53}ko^{11}noŋ^{35}ɣu^{44}, tiaŋ^{35}ko^{11}i^{33}tiu^{55}.]

Mongx hxak gol nongd vut, diangd gol ib diux.

你 歌 唱 这么 好 再 唱 一 首

0031. a. 你们村子有几家人？从这里到城里有多远？坐车要多久？

[moŋ^{55}ɣaŋ^{11}niaŋ^{33}zɛ^{44}ɕu^{13}tsɛ^{13}nɛ^{55}ʔkaŋ^{11}pə^{44}noŋ^{35}ta^{55}moŋ^{11}tiu^{33}qɛ^{33}ə^{35}nɛ^{44}ɕu^{13}to^{11}ʔtso^{35}ts^{h}e^{33}ə^{35}nɛ^{44}ɕu^{13}la^{55}?]

Mongx vangl niangb nait xus zaid naix? gangl bet nongd
你 村 有 多 少 家 人 从 处所 这

dax mongl diub ghaib ed nait xus dol? zod ceeb ed nait xus lax?
前往 街 要 多 少 远 坐 车 要 多 少 久

b. 有五十多家，我们村到城里三十来里，坐车半个多小时就到了。

[niaŋ^{33}tsa^{33}tɕu^{31}nɛ^{44}tsɛ^{35},pi^{33}ɣaŋ^{11}lei^{44}tiu^{33}ʑi^{13}pi^{33}tɕu^{31}li^{11}noŋ^{35}tei^{13}, niaŋ^{33}ts^{h}e^{33}taŋ^{11}lɛ^{33}tsoŋ^{33}t^{h}ə^{31}qa^{55}lei^{44}ʑaŋ^{55}.]

Niangb zab juf nait zaid, bib vangl leit diub yis bib juf lil
有 五 十 多 家 我们 村 到 城里 三 十 里

nongd deis, niangb ceeb dangl laib zongb tef ghax leit yangx.
大概 坐 车 半 个 钟头 就 到 语气词

0032.a. 哪件衣服是我的？怎么都一样呢？

[p^{h}aŋ^{33}u^{35}tei^{13}ti^{13}vi^{11}paŋ^{31}? ɛ^{44}ɕ^{h}i^{44}tei^{13}tə^{33}tɕu^{13}tiə^{11}.]

Pangb ud deis dis wil bangf? ait hxit deis deb jus diel?
件 衣 哪 是 我 的 怎么 都 一 种类

b. 谁知道呢？什么时候多出一件来？

[tɛ^{11}qei^{55}pu^{33}? ɕaŋ^{31}tei^{13}ta^{35}nɛ^{44}ɕ^{h}aŋ^{44}i^{33}p^{h}aŋ^{33}ta^{55}?]

Dail gheix bub? xangf deis dad nait hxangt ib pangb dax?
哪个 / 谁 知道 时候 哪 又 多 多 / 超 一 件 来

0033. 别人的东西不要拿，大家的东西要看好。

[nɛ^{55}tɕu^{33}paŋ^{31}ki^{35}koŋ^{33}, a^{55}ki^{35}ə^{35}, nɛ^{55}nɛ^{55}paŋ^{31}ki^{35}koŋ^{33}noŋ^{44}ŋi^{44}

ɣu^{44}.]

Naix jub bangf gid gongb, ax gid ed, naix naix bangf gid gongb
别人 的 东西 不要 要 大家 的 东西

nongt ngit vut.
一定/要 看 好

0034. 十五是五的三倍，五是十的一半。

[tçu^{31}tsa^{33}ti^{13}tsa^{33}paŋ^{31}pi^{33}ku^{55}, tsa^{33}ti^{13}tçu^{31}paŋ^{31}i^{33}taŋ^{11}.]

Juf zab dis zab bangf bib gux, zab dis juf bangf ib dangl.
十 五 是 五 的 三 倍 五 是 十 的 一 半

0035. 全村年轻人大多外出打工了，有些家里只有老人，有些家里只有妇女和儿童。

[tçu^{11}ɣaŋ^{11}to^{11}ɣaŋ^{44}nɛ^{55}nɛ^{55}tə^{33}ts^{h}u^{31}moŋ^{11}ta^{35}qə^{44}moŋ^{11}, niaŋ^{33} p^{h}i^{35}tsɛ^{35}tsɿ^{55}lei^{31}to^{11}lu^{11}, niaŋ^{33}p^{h}i^{35}tsɛ^{35}tsɿ^{55}lei^{31}to^{11}maŋ^{13}to^{11}tçu^{33}tɛ^{33}.]

Jul vangl dol vangt nait nait deb cuf mongl dad ghet mongl, niangb
全 村 些 年轻 人 人 都 出 去 打工 去 有

pid zaid zix leif dol lul. niangb pid zaid zix leif dol mangs dol jub daib.
些 家 只 剩 些 长者 有 些 家 只 剩 些 妇女 些 儿童

0036. 羊比较干净。这一群羊只只都很肥，你挑一只。

[tɛ^{11}li^{35}pi^{53}o^{33}s^{h}a^{33}ŋa^{13}, i^{33}mɛ^{11}li^{35}noŋ^{35}, tɛ^{11}tɛ^{11}tə^{33}tiaŋ^{13}, moŋ^{55} x^{h}u^{53}i^{33}tɛ^{11}.]

Dail lid bik ob hsab ngas, ib mail lid nongd, dail dail deb diangs,
个 羊 比较 干净 一 群 羊 这 只 只 都 肥

mongx hvuk ib dail.
你 选 一 只

0037. 河里的鱼比塘里的鱼好吃。

[zɛ^{11}tiu^{33}ə^{33}pi^{55}zɛ^{11}tiu^{33}li^{55}ɣu^{44}naŋ^{55}.]

Nail diub eb bix nail diub lix vut nangx.

鱼 …之内 河 比 鱼 …之内 田 好 吃

0038. 三位老人的生日分别是：农历二月初八、三月初五、六月初三。

[pi^{33}tɛ^{11}nɛ^{55}lu^{11}paŋ^{31}qa^{33}niaŋ^{33}ɣu^{44},fen^{33}pie^{31}ti^{13}, tɛ^{11}m^{h}u^{33}paŋ^{31} ɬ^{h}a^{44}o^{33}tɕu^{11}ʑa^{31}n^{h}ɛ^{33}, ɬ^{h}a^{44}pi^{33}tɕu^{35}tsa^{33}n^{h}ɛ^{33},ɬ^{h}a^{44}tiu^{44}tɕu^{11}i^{33}n^{h}ɛ^{33}.]

Bib dail naix lul bangf ghab niangb vut, fenb bieef tis,

三 个 人 老 的 名词前缀 出生 好 分别 是

（寿诞）

dail hmub bangf hlat ob jul yaf hnaib, hlat bib jud zab hnaib, hlat

苗族（苗历） 的 月 二 初 八 天/日 月 三 初 五 天/日 月

diut jul ib hnaib.

六 初 一天，日

0039. 奶奶笑眯眯地坐着看孙子蹦蹦跳跳。

[ɛ^{33}vu^{53}tiə^{53}ki^{33}ni^{33}niaŋ^{33}ta^{33}ŋi^{44}to^{11}ɬ^{h}aŋ^{33}tiə^{31}tia^{53}ɛ^{44}loŋ^{13}.]

Aib wuk diek gib nib niangb dab ngit dol hlangb dief diak

奶奶 笑眯眯 坐着 看 些 孙子 迈 跳

ait longs.

玩耍

0040. 他把红薯随便洗洗就吃了。

[nin^{55}pa^{55}na^{55}ə^{33}su^{35}sa^{35}tse^{44}qa^{55}naŋ^{55}.]

Ninx bax nax eb sud sad zeet ghax nangx.

他 把 红薯 随便洗 就 吃

0041. 来客人时，我们正在吃饭。

[to^{11}qʰa^{44}lo^{11}tsa$^{13:}$i^{35}, pi^{33}tsen^{35}tsɛ^{35}naŋ^{55}ka^{35}.]

Dol khat lol zas id, bib zend zaid nangx gad.

些 客人 来 时 那 我们 正在 吃 饭

0042. 他很想带父母去一次北京。

[nin^{55}sʰa^{44}ɬsʰai^{33}ʑaŋ^{11}nin^{55}pa^{35}nin^{55}maŋ^{13}moŋ^{11}pɛ^{31}tɕen$^{33:}$i^{33}tia^{13}.]

Ninx hsat hlib yangl ninx bad ninx mangs mongl baif jenb ib dias.

他 很 想 带 他 爸 他 妈 去 北京 一 趟

0043. 夫妻俩很恩爱。

[o^{33}maŋ^{13}pa^{35}sʰa^{44}ɕi$^{44:}$ɬʰi^{33}.]

Ob mangs bad hsat xit hlib.

二 夫妻 很 互相 爱

0044.a. 山上有一片梨树。

[tiu^{33}po^{53}niaŋ$^{33:}$i^{33}paŋ^{13}tə^{44}ɣa^{55}.]

Diub bok niangb ib bangs det vax.

…之上 山 有 一 山坡 树 梨

b. 这座山上没有梨树。

[lɛ^{11}po^{53}noŋ^{35}a^{55}niaŋ^{33}tə^{44}ɣa^{55}.]

Laib bok nongd ax niangb det vax.

量词 山 这 没 有 树 梨

0045.a. 这封信是不是你写的？

[foŋ^{33}ɕen^{35}noŋ^{35}ti^{55}ti^{13}m̩^{55}ɕʰa^{35}?]

Fongb xend nongd dix dis mx hxad?

量词 / 封 信 这 是不是 你 写

b. 是。不是。

[ti^{13}.a^{55}ti^{13}.]

Dis.ax dis.

是 不 是

0046. 他会说汉语，应该是汉族人。

[nin^{55}su^{55}m^{h}a^{44}x^{h}ə^{33}tiə^{11}, ʑen^{35}kɛ^{33}ti^{13}tɛ^{11}nɛ^{55}tiə^{11}.]

Ninx sux hmat hveb diel, yend gaib dis dail naix diel.

他 会 说 话 汉族 应该 是 个 人 汉族

0047.a. 你愿不愿意嫁给他?

[moŋ^{55}ɬ^{h}i^{55}ɬ^{h}i^{33}q^{h}a^{44}tə^{13}nin^{55}?]

Mongx hlix hlib khat des ninx?

你 愿不愿 嫁 跟随 他

b. 愿意。不愿意。

[ɬ^{h}i^{33}. a^{55}x^{h}i^{33}.]

hlib. ax hvib.

愿意 不 愿意

0048. 大风吹断了树枝。

[tɕen^{44}ɬ^{h}iə^{33}ts^{h}o^{33}lo^{35}to^{11}qa^{33}tɕi^{11}tə^{44}.]

Jent hlieb cob lod dol ghab jil det.

风 大 吹 折 了 名词前缀 枝 树

0049. 我们进屋去。

[pi^{33}ɬen^{11}tsɛ^{35}moŋ^{11}.]

Bib dlenl zaid mongl.

我们 进 屋 去

0050. 屋檐装上了电灯。

[qa^{33}tu^{44}tsɛ^{35}ŋɛ^{33}tɕaŋ^{55}to^{11}tie^{35}ten^{33}.]

Ghab dut zaid ngaib jangx dol dieed denb.

名词前缀 边/沿 屋 安 完成 了 电灯

0051. 明天小王来，小李不来。

[fa^{11}so^{35}ɕo^{55}vaŋ^{31}lo^{11}, ɕo^{55}li^{55}a^{55}lo^{11}.]

Fal sod xox wangf lol , xox lix ax lol.

明天 小王 来 小李 不 来

0052. 你去买瓶酒回来。

[m̥^{55}moŋ^{11}mai^{11}p^{h}in^{11}tɕu^{35}lo^{11}.]

Mx mongl mail pinl jud lol.

你 去 买 瓶 酒 来

0053.a. 有只猫趴在凳子上。

[niaŋ^{33}tɛ^{11}mo^{33}pi^{44}ti^{44}tɕo^{55}do^{31}haŋ^{33}vɛ^{55}.]

Niangb dail mob bit dit jox dof hangb waix.

有 个体量词，只 猫 趴着 量词，条 凳子 上面

b. 有只猫在椅子上趴着。

[niaŋ^{33}tɛ^{11}mo^{33}pi^{44}ti^{44}lɛ^{33}q^{h}o^{33}ʑen^{11}haŋ^{33}vɛ^{55}.]

Niang dail mob bit dit laib khob yenl hangb waix

有 只 猫 趴着 椅子 上面

0054. 他的字写得好极了。

[nin^{55}ɕ^{h}a^{35}lei^{55}tu^{35}, s^{h}a^{44}ɣu^{44}ʑa^{0}.]

Ninx hxad leix dud hsat vut ya.

他 写 字 书/纸 极 好 了/啊

0055. 爷爷走得非常慢。

[ε^{33}qə^{44}haŋ^{33}s^{h}a^{44}ki^{35}ki^{35}.]

Aib ghet hangb hsat gid gid.

爷爷 行走 非常 慢貌

0056. 这根大木头，我一个人也扛得起。

[qε^{35}tə^{44}ɬiə^{33}noŋ^{35}, vi^{33}tɕu^{13}lε^{55}sei^{55}ki^{35}niaŋ^{13}.]

Ghaid det dlieb nongd, wib jus laix seix gid niangs.

根 木头 大 这 我 一 个 也 扛 动/起

0057. 那种菌子吃不得。

[i^{33}tiə^{11}tɕi^{33}moŋ^{55}naŋ^{55}a^{55}ɕ^{h}ə^{53}.]

Ib diel jib mongx nangx ax hxek.

一 种 菌子 那 吃 经不起（不得）

0058. 他没坐过飞机。

[nin^{55}a^{55}niaŋ^{33}fa^{44}fei^{33}tɕi^{33}.]

Ninx ax niangb fat feib jib.

他 没 乘坐 经历过 飞机

0059.a. 墙上挂着一幅画。

[qa^{33}pu^{44}tsε^{35}fi^{55}niaŋ^{33}i^{33}liu^{11}hua^{35}.]

Ghab but zaid fix niangb ib liul huad.

名词前缀 旁边 房子 挂 存在 一 量词/幅 画

（墙壁）

b. 墙上挂有一幅画。

[qa^{33}pu^{44}tsε^{35}fi^{55}mε^{55}i^{33}liu^{11}hua^{35}.]

Ghab but zaid fix maix ib liul huad.

墙壁 挂 有 一 幅 画

0060. 平时家里妈妈做饭，爸爸种田。

[p^{h}in^{31}sɿ^{31}tiu^{33}tsɛ^{35}tɛ^{11}maŋ^{13}ho^{44}ka^{35}, tɛ^{11}pa^{35}moŋ^{11}ɛ^{44}li^{55}.]

Pinf sif diub zaid dail mangs hot gad, dail bad mongl ait lix.

平时 …之内 屋 妈妈 煮 饭 爸爸 去 做 田

0061. 赶时间，咱们快吃吧。

[kɛ^{55}qa^{33}ɕ^{h}i^{33}, pi^{33}naŋ^{55}kaŋ^{44}ki^{44}nen^{53}.]

Gaix ghab hxib, bib nangx gangt git nenk.

赶 名词前缀 时 我们 吃 快/迅速 点儿

0062. 你砸碎玻璃不赔吗？

[moŋ^{55}ti^{33}tu^{13}po^{33}li^{31}, a^{55}pə^{55}maŋ^{33}?]

Mongx dib dus bob lif ax bex mangb?

你 打 破 玻璃 不 偿还 吗

0063. 他爬上树去摘桃子。

[nin^{55}tɕi^{44}ta^{55}moŋ^{11}tɛ^{11}tə^{44}, liu^{53}tsen^{35}ɬen^{55}.]

Ninx jit dax mongl dail det liuk zend dlenx.

他 爬 去，前往 棵 树 摘 果子 桃

0064. 你尝尝这个菜。

[moŋ^{55}t^{h}u^{44}t^{h}u^{44}lɛ^{33}ɣo^{33}noŋ^{35}.]

Mongx tut tut laib vob nongd.

你 尝 尝 量词，口 菜 这

0065.a. 我再想想这件事怎么办。

[vi^{11}tiaŋ^{35}zo^{13}zo^{13}lɛ^{33}f^{h}u^{35}ki^{35}noŋ^{35}ɛ^{44}tei^{13}ɛ^{44}.]

Wil diangd nos nos laib hfud gid nongd ait deis ait.

我 再 想 想 量词，件 事情 这 干 怎么 干

b. 这件事我再想想怎么办。

[lɛ^{33}f^{h}u^{35}ki^{35}noŋ^{35}vi^{11}tiaŋ^{35}zo^{13}zo^{13}ɛ^{44}tei^{13}ɛ^{44}.]

Laib hfud gid nongd wil diangd nos nos ait deis ait.

量词，件 事情 这 我 再 想 想 干 怎么 干

0066. 我看看你的书好吗？

[vi^{11}ŋi^{44}ŋi^{44}moŋ^{55}paŋ^{31}tu^{35}ɣu^{44}maŋ^{33}?]

Wil ngit ngit mongx bangf dud vut mangb?

我 看 看 你 的 书 好 吗

0067. 你先走，我就来。

[moŋ^{55}moŋ^{11}taŋ^{31}f^{h}u^{35}, vi^{11}qa^{55}lo^{11}a^{0}.]

Mongx mongl dangl hfud, wil ghax lol a.

你 走 词缀，头 前 我 就 来（了）

0068. 你先打电话问清楚再说。

[moŋ^{55}ɕie^{33}ti^{33}tie^{35}hua^{35}na^{13}ɕen^{35}ten^{13}ki^{35}ŋi^{44}.]

Mongx xieeb dib dieed huad nas xend dens gid ngit.

你 先 打 电话 问 清楚 再 看

0069. 妹妹听着歌写作业。

[a^{35}ʑu^{44}tsoŋ^{33}zɛ^{55}ɕ^{h}a^{53}ɕ^{h}a^{35}tso^{31}ni^{31}.]

Ad yut zongb naix hxak hxad zof nif.

妹妹 听 耳朵 歌 写 作业

听

0070. 鱼是蒸着吃还是煮着吃？

[tε^{11}zε^{11}ta^{35}lo^{11}tɕi^{33}naŋ^{55},ho^{44}tɕə^{31}ho^{44}naŋ^{55}?]

Dail nail dad lol jib nangx hot jef hot nangx?

个体量词 鱼 拿 来 蒸 吃 或者 煮 吃

0071. 我听过几次小李唱歌。

[vi^{11}n^{h}aŋ^{35}fa^{44}o^{33}pi^{33}tia^{13}ɕo^{55}li^{55}ko^{11}ɕ^{h}a^{53}.]

Wil hnangd fat ob bib dias xox lix gol hxak.

我 听 经历过 二 三 次 小李 唱 歌

0072. 她有一条漂亮的红裙子。

[nen^{55}niaŋ^{33}i^{33}tɕo^{55}ɣu^{44}vaŋ^{33}paŋ^{31}q^{h}u^{53}ɕo^{53}.]

Nenx niangb ib jox vut wangb bangf khuk xok.

她 有 一 条 好 装束 的 裙 红

0073. 哥哥瘦，弟弟胖。

[tε^{33}pə^{35}su^{44}, tε^{33}u^{44}tiaŋ^{13}.]

Daib bed sut, daib ut diangs.

个体量词 兄 瘦 个体量词 弟 胖

0074. 奶奶你慢慢走。

[u^{53}moŋ^{55}ki^{35}ki^{35}moŋ^{11}.]

Wuk mongx gid gid mongl.

奶奶 你 慢慢 走

0075. 天不热，但很潮湿。

[lε^{44}n^{h}ε^{33}a^{55}k^{h}i^{33}, te^{13}s^{h}a^{44}en^{44}men^{44}.]

Laib hnaib ax kib, dees hsat ent ment.

量词 太阳 不 炎热 但 很 闷热

0076. 白花花的新米饭香喷喷的。

[ɬiu^{33}ti^{53}hi^{53}paŋ^{31}lɛ^{33}ka^{35}x^{h}i^{33} tɛ^{44}moŋ^{13}tio^{33}o^{33}.]

Dliub dik hik bangf laib gad hvib dait mongs diob ob.

白 跳 蹦 的 米饭 新 香 明晰貌

0077. 他把房间打扫得干干净净的。

[nin^{55}pa^{33}to^{11}tiu^{33}tsɛ^{35}tɕ^{h}i^{33}tɛ^{31}s^{h}a^{33}s^{h}a^{33}ŋa^{13}ŋa^{13}ti^{0}.]

Ninx bab dol diub zaid qib daif hsab hsab ngas ngas di .

他 把 些…之内 房 扫 得 干净 的

干干净净

0078. 糯米饭香了整个村子。

[ka^{35}nə^{31}tɛ^{44}moŋ^{13}tɕu^{11}lɛ^{33}ɣaŋ^{11}.]

Gad nef dait mongs jul laib vangl.

饭 糯 香 整个 量词 寨子

0079. 奶奶总是对客人很热情。

[ɛ^{33}vu^{53}tei^{35}to^{11}q^{h}a^{44} tsoŋ^{55}sɿ^{35}hen^{31}qaŋ^{33}x^{h}i^{33}.]

Aib wuk deid dol khat zongx sid henf ghangb hvib.

奶奶 对 些 客 总是 很 快活高兴

0080. 一年比一年好。

[i^{33}n^{h}iu^{44}pi^{55}i^{33}n^{h}iu^{44}ɣu^{44}.]

ib hniut bix ib hniut vut.

一 年 比 一 年 好

0081. 老大和老二一样高。

[tɛ^{11}ɬiə^{33}ho^{31}tɛ^{11}ʑu^{44}tɕu^{13}tiə^{11}x^{h}i^{33}.]

Dail hlieb hof dail yut jus diel hvib.

个体量词 大 和 个体量词 小 一 类 高

0082. 我比你高，他比我更高。

[vi^{11}pi^{55}moŋ^{55}x^{h}i^{33}, nin^{55}pi^{55}vi^{11}ken^{44}x^{h}i^{33}.]

Wil bix mongx hvib, ninx bix wil gent hvib.

我 比 你 高 他 比 我 更 高

0083. 我们三个人中他最高。

[pi^{33}pi^{33}lε^{55}nε^{55}noŋ^{35}nin^{55}s^{h}a^{44}x^{h}i^{33}.]

Bib bib laix naix nongd ninx hsat hvib.

我们 三 个 人 这 他 最 高

0084. 连续几天熬夜，我困死了。

[o^{33}pi^{33}n^{h}ε^{33}noŋ^{35}o^{31}i^{35}, vi^{11}mε^{13}ɣə^{13}ta^{13}o^{0}.]

Ob bib hnaib nongd of id, wil mais ves das o.

二 三 天/日 这 熬夜 我 困 死 语气词

0085. 你再吃一碗饭。

[moŋ^{55}tiaŋ^{35}naŋ^{55}i^{33}ti^{44}ka^{35}.]

Mongx diangd nangx ib dit gad.

你 再 吃 一 碗 饭

0086. 他又买了一辆摩托车。

[nin^{55}ʑə^{35}mε^{11}lo^{11}i^{33}pu^{35}mo^{33}t^{h}o^{31}ts^{h}e^{33}.]

Ninx yed mail lol ib bud mob tof ceeb.

他 又/再 买 了 一 部 摩托车

0087. 他家两个儿子都在广东打工，一年大概能挣十几万。

[nin^{55}tsɛ^{35}o^{33}tɛ^{11}tɛ^{33}tə^{33}tsɛ^{35}kuaŋ^{55}toŋ^{33}ta^{35}qə^{44}, i^{33}n^{h}iu^{44}ku^{55}tu^{55}nen^{31} ho^{31}qa^{44}tɕu^{31}nɛ^{44}vaŋ^{13}ni^{55}.]

Ninx zaid ob dail daib deb zaid guangx dongb dad ghet, ib
他 家 二 个体量词 儿子 都 在 广东 打工 一

hniut gux dox nenf hof ghat juf nait wangs nix.
年 大概 能 合 价 十 几 万 银

0088. 白白劝他一下午，可是他根本听不进。

[ɛ^{44}ha^{44}tɕo^{33}nin^{55}i^{33}taŋ^{11}n^{h}ɛ^{33}, a^{55}pu^{33}nin^{55}ken^{33}pen^{55}n^{h}aŋ^{35}a^{55}moŋ^{11} tɕi^{11}zɛ^{55}.]

Ait hat job ninx ib dangl hnaib, ax bub ninx genb benx hnangd
干 白 教 他 一 半 天 不 明白 他 根本 听

ax mongl jil naix.
不 去 只 耳朵

0089. 我刚要去找他，他就匆匆忙忙地跑了进来。

[vi^{11}noŋ^{35}tɕ^{h}en^{35}ɬ^{h}i^{33}ta^{55}moŋ^{11}ɣaŋ^{13}nin^{55}, nin^{55}tiu^{35}tei^{44}tiu^{35}ta^{44}ta^{35} po^{55}tɕo^{55}ta^{55}ʑaŋ^{55}.]

Wil nongd qend hlib dax mongl vangs ninx, ninx diud deit diud dat
我 这 开始 想 前往 找 他 他 匆忙貌

dad box jox dax yangx.
地 跑 来 了

0090. 我跟妈妈到家时，爸爸可能才刚刚出门。

[vi^{11}tə^{13}vi^{11}maŋ^{13}lei^{44}tsɛ^{35}, vi^{11}pa^{35}s^{h}en^{44}ta^{55}noŋ^{35}tɕ^{h}en^{35}moŋ^{11}ku^{55}.]

Wil des wil mangs leit zaid, wil bad hsent dax nongd qend
我 跟随 我 妈 到 家 我 爸 算 来 这 开始

mongl gux.
走/往 门

0091. 他最近很高兴，我听说他快结婚了。

[nin^{55}o^{33}n^{h}ε^{33}hen^{55}qaŋ^{33}x^{h}i^{33}, vi^{11}n^{h}aŋ^{35}ɣu^{35}nin^{55}noŋ^{44}ʑaŋ^{11}niaŋ^{33}ʑaŋ^{55}.]

Ninx ob hnaib henx ghangb hvib, wil hnangd vud ninx nongt
他 二 天/日 很 甜 高/新 我 听 讲/说 他 将要
高兴

yangl niangb yangx.
引 爱人/妻 了
娶妻

0092. 孙子给爷爷寄回茶叶，爷爷笑得合不拢嘴。

[tε^{11}ɬ^{h}aŋ^{33}tə^{13}ε^{33}qə^{44}s^{h}oŋ^{44}lo^{11}qa^{33}nə^{55}tɕen^{11}, qə^{44}tiə^{53}ta^{55}s^{h}u^{53}a^{55}tɕ^{h}i^{55}lo^{44}ʑə^{11}.]

Dail hlangb des aib ghet hsongt lol ghab nex jenl, ghet
个体量词 孙 给 指示词/那 爷爷 送 来 名词前缀 叶 茶 爷爷

diek dax hsuk ax qix lot yel.
笑 起来 闭合 不 起 嘴 了

0093. 唱歌令人开心。

[ko^{11}ɕ^{h}a^{53}ti^{44}tε^{11}nε^{55}qaŋ^{33}x^{h}i^{33}.]

Gol hxak dit dail naix ghangb hvib.
唱 歌 令 人 甜 高/新
高兴

0094. 他个子虽然小，但气力很大。

[nin^{55}qa^{33}tiu^{33}tɕi^{35}ʑu^{44}hu^{11}, tɕo^{55}ɣə^{13}sei^{55}ɬ^{h}iə^{33}.]

Ninx ghab diub jid yut hul, jox ves seix hlieb.

他 名词前缀 …之上 身体 小 也罢 力气 也 大

0095. 只要能刨土，拿铲子或锄头来都行。

[tsɿ^{55}ə^{35}nen^{31}tɕ^{h}a^{33}ta^{33}, ta^{35}ɬiə^{35}ta^{35}s^{h}o^{35}ta^{55}tə^{33}ɕen^{31}.]

Zix ed nenf qab dab, dad dlied dad hsod dax deb xenf.

只要 能 刨 土 拿 铲子 拿 锄头 来 都 行

0096. 如果沿着河边走就更绕了。

[zu^{11}ko^{55}tə^{13}qa^{33}pu^{44}ə^{33}haŋ^{33}, qa^{55}ɣə^{11}va^{13}to^{11}a^{0}.]

Nul gox tes ghab but eb hangb, ghax vel was dol a.

如果 依照 名词前缀 边沿 水 行走 就 更 绕 远 语气词

0097. 滴滴答答下雨啦，快收衣服吧。

[ti^{33}ti^{33}ta^{33}ta^{33}ta^{55}noŋ^{13}ʑaŋ^{55}, kaŋ^{44}pi^{11}ʑu^{53}u^{35}a^{0}.]

Dib dib dab dab dax nongs yangx, gangt bil yuk ud a.

滴 滴 答 答 下 雨 啦， 快快 收 衣 语气词

0098.a. 明天赶集去不去？

[fa^{11}so^{35}moŋ^{11}ga^{35}ɕaŋ^{55}, moŋ^{11}a^{55}moŋ^{11}?]

Fal sod mongl kad xangx, mongl ax mongl?

起 早 去 赶 集 去 不 去

（明天）

b. 明天去赶集好不好？

[fa^{11}so^{35}ga^{35}ɕaŋ^{55}moŋ^{11}, ɣu^{44}a^{55}ɣu^{44}?]

Fal sod kad xangx mongl, vut ax vut?

明天 赶 集 去 好 不 好

0099. 是他打的人。

[$ti^{13}nin^{55}ti^{33}lɛ^{33}nɛ^{55}$.]

Dis ninx dib laib naix.

是 他 打 的 人

0100. 拿这种菜说吧，大家都很久没吃了呢。

[$ta^{35}tiə^{11}ɣo^{33}noŋ^{35}lo^{11}ɣu^{35}$, $nɛ^{55}nɛ^{55}ta^{35}tɕə^{11}tə^{33}a^{55}naŋ^{55}ʑaŋ^{55}$.]

Dad diel vob nongd lol vud, naix naix dad jel deb ax nangx yangx.

拿 种类 菜 这 来讲，说 人 人 长承受，挨都 没 吃 了

凯里养蒿寨苗族民谣故事

[$tɕu^{13}tia^{13}$]
Jus dias
一回（歌谣）

[$tɕu^{13}ta^{13}ə^{33}diaŋ^{35}naŋ^{11}$,]
Jus das eb diangd nangl,
一江东流水，

[$lo^{11}tɕu^{13}tia^{13}noŋ^{35}tɛ^{11}$.]
Lol jus dias nongd dail。
人生只一回。

[$moŋ^{11}saŋ^{13}qaŋ^{33}tiaŋ^{35}lo^{11}$,]
Mongl sangs ghangb diangd lol,
如果有来生，

[$tɕaŋ^{55}ni^{55}ho^{44}tɕaŋ^{55}ma^{11}$,]
Jangx nix hot jangx mal,
我们变马牛，

[naŋ^{55}naŋ^{55}qa^{33}pu^{44}dioŋ^{11},]
Nangx nangx ghab but diongl,
吃草在沟边，

[ɬiaŋ^{35}tɕi^{11}ki^{33}ɕi^{44}qa^{11},]
Dliangd jil gib xit ghal,
就用角钩钩，

[moŋ^{55}ɕaŋ^{53}vi^{11}to^{44}ʑə^{11}?]
Mongx xangk wil dot yel?
你还认我不？

[vi^{11}ɕaŋ^{53}moŋ^{55}to^{44}ʑə^{11}?]
Wil xangk mongx dot yel?
我还识你否？

——（据许才光诵读的童谣记音）

[ɕ^{h}a^{53}tɕu^{33}tɛ^{33}] 1
Hxak jub daib 1
童谣 1

[ɕaŋ^{31}noŋ^{35}vi^{11}ʑu^{44}ʑu^{44},]
Xangf nongd wil yut yut,
现在我小小，

[vi^{11}naŋ^{11}lɛ^{33}q^{h}ə^{44}p^{h}a^{44},]
Wil nangl laib khet pat,
我穿开裆裤，

[ɬiaŋ^{44}pu^{55}tu^{55}qε^{44}zε^{44}.]
Dliangt bux dux ghait nait。
肚儿向外露。

[s^{h}u^{53}n^{h}ε^{33}vi^{11}ɬ^{h}iə^{33}lo^{11},]
Hsuk hnaib wil hlieb lol,
将来长大了，

[vi^{11}naŋ^{11}lε^{33}q^{h}ə^{44}tiə^{11},]
Wil nangl laib khet diel,
我穿牛仔裤，

[tɕa^{53}u^{35}tɕa^{53}q^{h}ə^{44}moŋ^{11},]
Jak ud jak khet mongl,
将衣服扣好，

[a^{55}ki^{13}pu^{55}tu^{55}ʑə^{11}.]
Ax gis bux dux yel。
不露肚肚了。

——（据许才光诵读的童谣记音）

[ɕ^{h}a^{53}tɕu^{33}tε^{33}]
Hxak jub daib 2
童谣 2

[tε^{33}p^{h}i^{53}kaŋ^{33}ku^{55}qo^{11},]
Daib pik gangb gux ghol,

姑娘小蚂蚱，

[liaŋ^{13}ta^{53}tsei^{44}qa^{55}ʑə^{11}.]
Liangs dak zeit ghax yel。
翅膀生就飞。

[maŋ^{13}tɕi^{44}ə^{33}a^{55}lo^{11},]
Mangs jit eb ax lol,
妈挑水不来，

[maŋ^{13}hə^{53}ə^{33}li^{55}niə^{11},]
Mangs hek eb lix niel,
妈挑臭田水，

[haŋ^{44}qa^{35}ka^{13}a^{55}ɬen^{11},]
Hangt ghad gas ax dlenl,
鸭屎臭拉轰，

[maŋ^{13}ɕ^{h}a^{44}ta^{13}nioŋ^{55}tɛ^{11}.]
Mangs hxat das niongx dail。
妈要苦死了。

——（据许才光诵读的童谣记音）

[pi^{33}paŋ^{31}lɛ^{33}tsɛ^{35}tɕ^{h}ə^{33}lei^{55}m^{h}u^{33}]
Bib Bangf Laib Zaid Qeb Leix hmub
我们的苗文学堂【汉语为意译】

[pi^{33}tɕo^{55}faŋ^{33}ɣaŋ^{55}ho^{33}paŋ^{31}lɛ^{33}tsɛ^{35}tɕ^{h}ə^{33}lei^{55}m^{h}u^{33}, ti^{13}niaŋ^{33}ti^{44}pi^{33}

kui^{35}tsə^{33}sen^{55}kʰa^{35}li^{55}si^{35}]

Bib jox fangb vangx hob bangf laib zaid qeb leix hmub，dis niangb dit bib guid zeb senx kad lix sid

我们养蒿寨的苗文学堂，坐落在我们贵州省凯里市

[sɛ^{33}kʰo^{33}su^{35}tsen^{35}ɣaŋ^{11}ɣaŋ^{55}ho^{33}. pi^{33}lɛ^{33}mio^{31}ven^{31}ɕo^{31}tʰaŋ^{31} noŋ^{35}ti^{13}tsʰoŋ^{31}ʑi^{31}tɕu^{55}vu^{55}lu^{31}ni^{31}]

saib kob sud zend vangl vangx hob。bib laib miof wenf xof tangf nongd dis congf yif jux wux luf nif

三棵树镇养蒿寨。我们的苗文学堂，是从一九五六年

[tɛ^{11}vaŋ^{55}qa^{33}lɛ^{11}tsɛ^{35}pʰɛ^{35}to^{11}ɬʰio^{35}to^{11}ɣa^{13}lo^{11}lei^{44}pi^{33}faŋ^{33},lo^{11}tio^{35} tsʰa^{31}ni^{33}tɕu^{35}ʑə^{31}tə^{13}pi^{33}tsɛ^{35}]

dail wangx ghab lail zaid paid dol hliod dol vas lol leit bib fangb，lol diod caf nib jud yef des bib zaid

毛主席党中央派来专家学者到我们苗乡，调查研究后才给我们

[ɣaŋ^{55}ho^{33},tə^{13}pi^{33}lɛ^{11}tsɛ^{35}mʰu^{33}noŋ^{35}tʰi^{35}tɕaŋ^{55}pi^{33}lɛ^{33}tsɛ^{35}mʰu^{33} paŋ^{31}lɛ^{33}tu^{35}lei^{55}.]

vangx hob，des bib lail zaid hmub nongd tid jangx bib laib zaid hmub bangf laib dud leix。

养蒿、给我们苗家创造了我们苗家的民族文字。

[pi^{33}to^{11}qa^{33}lɛ^{11}tsɛ^{35}tɕen^{33}ko^{35}nɛ^{44}tia^{13}lo^{11}tio^{35}tsʰa^{31}，lo^{11}kʰo^{33}ɕo^{31} ni^{33}tɕu^{35}ʑə^{31}ta^{35}pi^{33}faŋ^{33}lɛ^{33}sʰei^{35}]

Bib dol ghab lail zaid jenb god nait dias lol diod caf, lol kob xof nib jud yef dad bib fangb laib hseid

我们的专家学者经过多次调查、科学论证后才以我们养蒿寨的苗语语音

［ɣaŋ^{55}ho^{33}ta^{35}lo^{11}ɕə^{44}ε^{44}ti^{44}pi^{33}kui^{35}tsə^{33}sen^{55}paŋ^{31}tsoŋ^{33}pu^{35}faŋ^{33} ʑei^{31}.tɕ^{h}o^{31}tin^{35}pi^{33}lε^{33}s^{h}ei^{35}ɣaŋ^{55}ho^{33}］

vangx hob dad lol xet ait dit bib guid zeb senx bangf zongb bud fangb yeif。qof dind bib laib hseid vangx hob

作为我们贵州省（苗语）中部方言（的代表）。确定我们养蒿寨苗话（的语音）

［ta^{35}lo^{11}ε^{44}pi^{33}faŋ^{33}tsε^{35}m^{h}u^{33}paŋ^{31}lε^{33}pio^{33}tsen^{55}ʑen^{35}］

dad lol ait bib fangb zaid hmub bangf laib biob zenx yend。

作为我们中部苗家（制定苗文）的标准音。

［taŋ^{11}qaŋ^{33}lei^{44}ʑi^{31}tɕu^{55}vu^{55}pa^{31}ni^{31}to^{11}vaŋ^{55}qa^{33}lε^{11}tsε^{35}qa^{55}lo^{11}pi^{33} tiu^{33}ɣaŋ^{11}ɣaŋ^{55}ho^{33}］

Dangl ghangb leit yif jux wux baf nif dol wangx ghab lail zaid ghax lol bib diub vangl vangx hob

后来到一九五八年，国家民委就来到我们养蒿寨创办了

［s^{h}a^{44}f^{h}u^{35}lo^{11}t^{h}i^{35}tɕaŋ^{55}lε^{33} “mio^{31}ven^{31}ɕo^{31}t^{h}aŋ^{31}” (qa^{55}ti^{13}lε^{33} tsε^{35}tɕ^{h}ə^{33}lei^{55}m^{h}u^{33}).］

hsat hfud lol tid jangx laib “miof wenf xof tangf” （ghax dis laib zaid qeb leix hmub）。

第一所苗文学习班，即“苗文学堂”。

［tsa^{13}i^{35}vi^{11}pa^{35}vi^{11}maŋ^{13}sei^{55}ti^{13}tsa^{13}i^{35}paŋ^{31}ti^{35}i^{33}p^{h}i^{33}tɕ^{h}ə^{33}tu^{35}lei^{55} m^{h}u^{33}paŋ^{31}tε^{11}nε^{55}.］

Zas id wil bad wil mangs seix dis zas id bangf did ib pib qeb dud leix hmub bangf dail naix。

当年我爸、我妈也是第一班第一批学苗文的学员。

[ts^{h}oŋ^{31}tsa^{13}i^{35}ʑi^{55}hə^{35}, taŋ^{11}qaŋ^{33}lo^{11}lei^{44}pa^{31}si^{31}ni^{31}ta^{35}ts^{h}u^{33}, pi^{33} ɣaŋ^{11}qə^{44}lu^{11}taŋ^{53}p^{h}o^{33}ɕi^{55}si^{35}tɛ^{31}]

Congf zas id yix hed，dangl ghangb lol leit baf sif nif dad cub，bib vangl ghet lul dangk pob xix sid daif

从那以后，直到 80 年代初，我们村嘎当坡的许士德老人

[nɛ^{55}lu^{11}tiaŋ^{35}lo^{11}tɕo^{33}pi^{33},qa^{55}ti^{13}pi^{33}ɣaŋ^{11}ti^{35}o^{33}tia^{13}lo^{11}k^{h}ɛ^{33}pɛ^{35}lɛ^{33} "mio^{31}ven^{31}ɕo^{31}t^{h}aŋ^{31}" .]

naix lul diangd lol job bib，ghax dis bib vangl did ob dias lol kaib baid laib "miof wenf xof tangf"。

重新又来教我们（学苗文），这是我们养蒿寨第二次开办的"苗文学堂"。

[lɛ^{33}tsɛ^{35}tɕ^{h}ə^{33}lei^{55}m^{h}u^{33}.vi^{11}sei^{55}ti^{13}ti^{35}o^{33}tia^{13}noŋ^{35}paŋ^{31} "mio^{31} ven^{31}ɕo^{31}t^{h}aŋ^{31}" paŋ^{31}ɕo^{31}sen^{33}.]

laib zaid qeb leix hmub。wil seix dis did ob dias nongd bangf "miof wenf xof tangf" bangf xof senb。

我也是这第二批"苗文学堂"的学生。

[taŋ^{11}qaŋ^{33}qa^{55}nɛ^{44}tiə^{11}vi^{31}ʑen^{33}ta^{35}t^{h}in^{31}pɛ^{35}.]

dangl ghangb ghax nait diel wif yenb dad tinf baid。

后来因各种原因而停办。

[lo^{11}lei^{44}o^{33}n^{h}iu^{44}noŋ^{35}，tɛ^{11}vaŋ^{55}tɛ^{11}qa^{33}lɛ^{33}tsɛ^{35}ɣə^{35}ɣə^{11}tsoŋ^{35}si^{35}

pi^{33}tsɛ^{35}qa^{55}nə^{13}paŋ^{31}to^{11}]

Lol leit ob hniut nongd，dail wangx dail ghab laib zaid ved vel zongd sid bib zaid ghax nes bangf dol

直到这几年，党和国家越来越重视我们少数民族的

[lei^{55}mʰu^{33}to^{11}tu^{35}，to^{11}xʰə^{33}to^{11}sʰei^{35}.]

leix hmub dol dud，dol hveb dol hseid。

民族文化知识。

[ɕaŋ^{31}noŋ^{35}pi^{33}faŋ^{33}to^{11}tɕə^{33}tɛ^{33}tɕə^{33}ɣaŋ^{44}tɕə^{33}ɬaŋ^{33}tə^{33}a^{55}niaŋ^{33}nɛ^{44} ɕu^{13}nɛ^{55}su^{55}ɕʰa^{35}pi^{33}]

Xangf nongd bib fangb dol jeb daib jeb vangt jeb dlangb deb ax niangb nait xus naix sux hxad bib

现在，我们家乡的儿辈孙辈年轻一代，都没几个会写

[tsɛ^{35}paŋ^{31}lɛ^{33}lei^{55}mʰu^{33}ʑə^{11}.a^{55}nioŋ^{13}ɣu^{35}a^{55}su^{55}ɕʰa^{35},li^{31}mʰa^{44}ji^{55} tu^{33}nɛ^{55}tə^{33}mʰa^{44}a^{55}tɕaŋ^{55}ʑə^{11}.]

zaid bangf laib leix hmub yel，ax niongs vud ax sux hxad，lif hmat jix dub naix deb hmat ax jangx yel。

我们的民族文字了，不但不会写，许多人连说都不会说了。

[ɕaŋ^{31}noŋ^{35}to^{11}ɣaŋ^{44}to^{11}qaŋ^{33}tə^{33}a^{55}nioŋ^{44}tɕʰə^{33}ʑə^{11},tə^{33}ta^{55}moŋ^{11} tɕʰə^{33}to^{11}xʰə^{33}tiə^{11}xʰə^{33}ʑa^{44}moŋ^{11},]

Xangf nongd dol vangt dol ghangb deb ax niongt qeb yel，deb dax mongl qeb dol hveb diel hveb yat mongl，

现在孙辈的年轻一代都懒得学了，都去学汉话、普通话去了，

[pi^{33}tsɛ^{35}lɛ^{33}sʰei^{35}mʰu^{33}tə^{33}ɣu^{35}a^{55}tɕaŋ^{55}ʑə^{11}.]

bib zaid laib hseid hmub deb vud ax jangx yel。

我们自家的苗话都说不成了。

[vi^{11}haŋ^{33}faŋ^{33}to^{11},haŋ^{33}nɛ^{44}faŋ^{33}nɛ^{44}ɣaŋ^{11},tɕa^{13}to^{11}tɕu^{33}tɛ^{33}ɬaŋ^{33} faŋ^{33}faŋ^{33}paŋ^{31}to^{11},]

Wil hangb fangb dol，hangb nait fangb nait vangl，jas dol jub daib dlangb fangb fangb bangf dol,

我走南闯北，去的地方多，碰到好多村寨的儿孙辈，

[ɣaŋ^{44}ɕaŋ^{31}noŋ^{35}tə^{33}mʰa^{44}xʰə^{33}tiə^{11}tɕu^{11}ʑaŋ^{55},lɛ^{33}sʰə^{35}mʰu^{33}pi^{33}tsɛ^{35} paŋ^{31}sʰei^{35}qa^{55}nə^{13}a^{55}nioŋ^{13}]

vangt xangf nongd deb hmat hveb diel jul yangx，laib hsed hmub bib zaid bangf hseid ghax nes ax niongs

现在都说汉话、说普通话去了。苗话，我们自己的民族话不用说

[ɣu^{35}tɛ^{11}su^{55}çʰa^{35},li^{31}mʰa^{44}ha^{53}tu^{33}a^{55}su^{55}mʰa^{44}ʑə^{11},ɛ^{44}nen^{44}nen^{35}vi^{11} lo^{11}sʰen^{44},vi^{11}nɛ^{55}lu^{11}ʑaŋ^{55},]

vud dail sux hxad，lif hmat hak dub ax sux hmat yel。ait nent nend wil lol hsent，wil naix lul yangx，

写，连说都不会说了。这样呢，我想我们的民族文字，

[pi^{33}faŋ^{33}lɛ^{33}sʰei^{35}mʰu^{33}noŋ^{35}ti^{13}pi^{33}vaŋ^{55}qɛ^{33}lɛ^{11}tsʰoŋ^{31}tʰɛ^{35}liə^{11}ʑi^{31} tɕu^{55}vu^{55}lu^{31}ni^{31}ɛ^{44}tɕaŋ^{55}tʰi^{35}tɕaŋ^{55}ta^{55},]

bib fangb laib hseid hmub nongd dis bib wangx ghaib lail congf taid liel 1956 nif ait jangx tid jangx dax,

是党中央从一九五六年给我们创制的，

[pi^{33}tsɛ^{35}to^{11}maŋ^{13}to^{11}pa^{35}ɬiə^{11}la^{55}tə^{33}su^{55}tɕ^{h}ə^{33}su^{55}ɕ^{h}a^{35}su^{55}tu^{31}, lo^{11} lei^{44}pi^{33}saŋ^{13}noŋ^{35}pi^{33}sei^{55}tɛ^{11}]

bib zaid dol mangs dol bad dliel lax deb sux qeb sux hxad sux duf，lol leit bib sangs nongd bib seix dail

我们的父亲、母亲都学过，都会读、会写，到我们这辈，我们也学、也写也读过，

[lo^{11}tɕ^{h}ə^{33}lo^{11}ɕ^{h}a^{35}lo^{11}m^{h}a^{44}, m^{h}a^{44}s^{h}ei^{35}pi^{11}paŋ^{31}s^{h}ei^{35}qa^{55}nə^{13}, tə^{33} tɛ^{11}pu^{33}pi^{33}tsɛ^{35}to^{11}lu^{11}paŋ^{31}to^{11}]

lol qeb lol hxad lol hmat，hmat hseid bil bangf hseid ghax nes，deb dail bub bib zaid dol lul bangf dol

都还懂我们的

[x^{h}ə^{33}lu^{11}s^{h}a^{35}qo^{44}.]

hveb lul hsad ghot。

民族文化。

[ɕaŋ^{31}noŋ^{35}pi^{33}to^{11}tɕu^{33}tɛ^{33}ɬaŋ^{33}tə^{33}pa^{55}ɬia^{44}ta^{11}moŋ^{11}ʑaŋ^{55}. vi^{11}ɣu^{35}ɛ^{44}noŋ^{35},vi^{11}ɕaŋ^{31}]

Xangf nongd bib dol jub daib dlangb deb bax dliat dal mongl yangx。wil vud ait nongd，wil xangf

现在我们的儿孙都（把本民族的语言文化）给弄去了。我这样想，我现在

[noŋ^{35}sei^{55}lu^{11}ʑaŋ^{55},a^{55}ɣa^{13}moŋ^{11}ku^{55}ta^{351}qə^{44}ʑə^{11},niaŋ^{33}tsɛ^{35}ɕi^{55}a^{55} pu^{33}ɛ^{44}lɛ^{33}qei^{55}ɕi^{35},s^{h}a^{44}ɣu^{44},]

nongd seix lul yangx，ax vas mongl gux dad ghet yel，niangb zaid xix ax bub ait laib gheix xid，hsat vut,

也老了，不能外出打工了，在家也不知能做什么，最好呢，

[nen^{44}tiaŋ^{35}lo^{11}qu^{53}pi^{33}ɣaŋ^{11}to^{11}lu^{11}to^{11}ɣaŋ^{44}ɕi^{44}sei^{55}lo^{11}tɕ^{h}ə^{33}pi^{33}to^{11} lu^{11}paŋ^{31}x^{h}ə^{33}lu^{11}s^{h}a^{35}qo^{44},]

nent diangd lol ghuk bib vangl dol lul dol vangt xit seix lol qeb bib dol lul bangf hveb lul hsad ghot,

就是召集我们村寨上的老老少少一起，集中起来，重新学习我们祖先的话语，

[p^{h}ə^{33}pi^{33}paŋ^{31}x^{h}ə^{33}s^{h}ei^{35}ɣaŋ^{55}ho^{33}, a^{55}pɛ^{33}s^{h}ei^{35}ɣaŋ^{55}ho^{33}ta^{11}.ɛ^{44} nen^{35}vi^{11}qa^{55}tso^{44}no^{13},ɕaŋ^{31}noŋ^{35}a^{55}]

peb bib bangf hveb hseid vangx hob，ax baib hseid vangx hob dal。ait nend wil ghax zot nos，xangf nongd ax

和我们的民族文化，不能让我们的养蒿苗话、民族文化丢失，于是我想，现在

[niaŋ^{33}sei^{55}moŋ^{11}mɛ^{11}to^{11}hɛ^{31}pɛ^{55}to^{11}ta^{55}to^{11}ɕen^{44}to^{11}pi^{31}a^{11}mɛ^{55}, vi^{11}ɣu^{35}lɛ^{33}ɬ^{h}iə^{33}ɛ^{44}a^{55}tɕaŋ^{55},]

niangb seix mongl mail dol haif baix dol dax dol xent dol bif al maix，wil vud laib hlieb ait ax jangx,

虽然没有钱去买那些黑板、桌椅和纸笔，我说大的做不成，

[to^{11}ɕen^{44}to^{11}pi^{31}noŋ^{35}nen^{44}k^{h}o^{55}ʑi^{55}noŋ^{31}ɕaŋ^{55}pɛ^{35}fa^{31}.ɛ^{44}nen^{35}vi^{11} qa^{55}moŋ^{11}ɬa^{53}to^{11}tɕə^{33}pə^{35}niaŋ^{33}]

dol xent dol bif nongd nent kox yix nongf xangx baid faf。ait nend wil ghax mongl dlak dol jeb bed niangb

像纸笔这些小件我们可以自己想办法解决。这样我就去请我们在学校的老师弟兄们

[ti^{44}to^{11}ɕo^{31}ɕo^{35}a^{11}mɛ^{55}， tə^{13}vi^{11}ɣaŋ^{13}tɛ^{44}to^{11}qa^{33}ɬia^{55}ta^{55}，qa^{33}ɬia^{55}hɛ^{31}pɛ^{55}， vi^{11}qa^{55}noŋ^{31}ta^{35}，]

dit dol xof xod al maix，des wil vangs dait dol ghab dliax dax，ghab dliax haif baix，wil ghax nongf dad,

一起帮我想办法，弄到了不少旧桌椅和旧黑板，

[vi^{11}paŋ^{31}o^{33}tɕ^{h}oŋ^{35}tsɛ^{35}qo^{44}ta^{35}lo^{11}k^{h}ɛ^{33}pɛ^{35}lɛ^{33}tsɛ^{35}tɕ^{h}ə^{33}lei^{55}，qa^{55} ti^{13}ɕaŋ^{31}noŋ^{35}pi^{33}paŋ^{31}lɛ^{33}]

wil bangf ob qongd zaid ghot dad lol kaib baid laib zaid qeb leix，ghax dis xangf nongd bib bangf laib

我腾出我自己的两间老木屋来开办我们的学苗文的学校，也就是

[“mio^{31}ven^{31}ɕo^{31}t^{h}aŋ^{31}” .]

“miof wenf xof tangf” 。

苗文学堂。

[ɛ^{44}nen^{35}，pi^{33}qa^{55}ts^{h}oŋ^{31}ɛ^{35}lin^{31}ʑi^{31}lu^{31}ni^{31}k^{h}ɛ^{33}pɛ^{35}ta^{55}lei^{44}ɕaŋ^{31} noŋ^{35}.pi^{33}paŋ^{31}tiu^{33}ɣaŋ^{11}i^{33}k^{h}u^{33}lu^{11}]

Ait nend，bib ghax congf 2016 nif kaib baid dax leit xangf nongd。Bib bangf diub vangl ib kub lul

这样，我们就从二〇一六年开办到现在。我们村的老老少少

[i^{33}k^{h}u^{33}ɣaŋ^{44}qa^{55}ɕi^{44}po^{33}nio^{33}ta^{55},qaŋ^{33}x^{h}i^{33}ta^{55}tɕ^{h}ə^{33}pi^{33}paŋ^{31}to^{11} ku^{55}li^{11}lu^{11},tɕ^{h}ə^{33}tsɛ^{35}m^{h}u^{33}paŋ^{31}.]

ib kub vangt ghax xit bob niob dax，ghangb hvib dax qeb bib bangf dol gux lil lul，qeb zaid hmub bangf。

都集中起来，高高兴兴地来学我们自己的语言文化知识。

[to^{11}s^{h}ei^{35}lu^{11}s^{h}ei^{35}qo^{44},vi^{11}sei^{55}s^{h}a^{44}qaŋ^{33}x^{h}i^{33}.]

dol hseid lul hseid ghot，wil seix hsat ghangb hvib。

我也高兴极了。

[taŋ^{11}qaŋ^{33},faŋ^{33}ɕaŋ^{13}faŋ^{33},lɛ^{55}ɕaŋ^{13}lɛ^{55},faŋ^{33}faŋ^{33}tə^{33}pu^{33}pi^{33}ɣaŋ^{55} ho^{33}niaŋ^{33}lɛ^{33}]

Dangl ghangb，fangb xangs fangb，laix xangs laix，fangb fangb deb bub bib vangx hob niangb laib

后来，一传十、十传百，大家都知道我们养蒿寨有个

[tsɛ^{35}tɕ^{h}ə^{33}lei^{55}m^{h}u^{33},qa^{55}ti^{13}lɛ^{33} “mio^{31}ven^{31}ɕo^{31}t^{h}aŋ^{31}” .ɛ^{44}nen^{35} t^{h}ɛ^{35}liə^{11}to^{11}ku^{35}to^{11}tiə^{11}to^{11}nɛ^{55}tɕu^{33}]

zaid qeb leix hmub，ghax dis laib “miof wenf xof tangf”。ait nend taid liel dol gud dol diel dol naix jub

学苗文的学校，也就是“苗文学堂”。这样就连近处的侗家、汉家和

[faŋ^{33}haŋ^{35}to^{11}lɛ^{55}lɛ^{55}n^{h}aŋ^{35},lɛ^{55}lɛ^{55}sei^{55}lo^{11}lei^{44}pi^{33}ɣaŋ^{55}ho^{33},lo^{11} tɕ^{h}ə^{33}pi^{33}tsɛ^{35}s^{h}ei^{35}ɣaŋ^{55}ho^{33}.]

fangb hangd dol laix laix hnangd，laix laix seix lol leit bib vangx hob，lol qeb bib zaid hseid vangx hob。

远方的很多人都来到我们养蒿寨，来学我们的养蒿（苗）话。

[ɛ^{44}nen^{35}, tɕaŋ^{55}o^{33}pi^{33}n^{h}iu^{44}noŋ^{35}lo^{11}, pi^{33}paŋ^{31}to^{11}qa^{33}lɛ^{11}tsɛ^{35}, to^{11} tsə^{31}tɕaŋ^{33}ta^{35}ɕo^{31},]

ait nend，jangx ob bib hniut nongd lol，bib bangf dol ghab lail zaid，dol zef jangb dad xof，

这样，这两三年来，我们的省、州、市领导，浙江大学、

［to^{11}tsoŋ^{33}ʑaŋ^{33}min^{31}tɕ^{h}u^{31}ta^{35}ɕo^{31}mɛ^{55}paŋ^{31}to^{11}ɬ^{h}io^{35}to^{11}ɣa^{13}sei^{55} lo^{11}lei^{44},sei^{55}lo^{11}ɬa^{53}vi^{11}tɕo^{33}nin^{55}to^{11}pi^{33}tsɛ^{35}］

dol zongb yangb minf quf dad xof maix bangf dol hliod dol vas seix lol leit，seix lol dlak wil job ninx dol bib zaid

中央民族大学的专家、学者也都来过，都来让我教我们地道的

［paŋ^{31}lɛ^{33}x^{h}ə^{33}s^{h}ei^{35}ɣaŋ^{55}ho^{33}.ɛ^{44}nen^{35}ɕaŋ^{31}noŋ^{35}pi^{33}ɣaŋ^{11}paŋ^{31}lɛ^{33} tsɛ^{35}tɕ^{h}ə^{33}lei^{55}m^{h}u^{33}nen^{35}ʑu^{31},］

bangf laib hveb hseid vangx hob。Ait nend xangf nongd bib vangl bangf laib zaid qeb leix hmub nend yuf，

养蒿苗话。这样，现在我们的苗文学堂由于新冠疫情的影响，

［vi^{31}ɕaŋ^{31}noŋ^{35}to^{11}tsaŋ^{13}qa^{33}ɬia^{55}tsaŋ^{13}ʑaŋ^{31}noŋ^{35}fa^{11}ta^{55}nɛ^{44}va^{44}, fa^{11}so^{35}s^{h}ɛ^{33}ʑen^{11}to^{11}tsaŋ^{13}］

wif xangf nongd dol zangs ghab dliax zangs yangf nongd fal dax nait wat，fal sod hsaib yenl dol zangs

我们暂时停课，等以后疫情过去了

［ɬiə^{33}tsaŋ^{13}ʑaŋ^{31}noŋ^{35}ʑaŋ^{53}moŋ^{11},pi^{33}ta^{35}tiaŋ^{35}naŋ^{11}lo^{11}k^{h}ɛ^{33}ɕo^{31}, tiaŋ^{35}ko^{11}to^{11}tɕi^{35}ta^{55}pə^{35}u^{44}］

dlieb zangs yangf nongd yangk mongl，bib dad diangd nangl lol kaib xof，diangd gol dol jid dax bed ut

我们再重新开学，再次将我们寨的

[to^{11}tɕə^{33}vu^{53}tɕə^{33}maŋ^{13},ta^{35}to^{11}tɕə^{33}niaŋ^{33}tɕə^{33}ɣaŋ^{44},to^{11}tɕə^{33}tɛ^{33} ɬ^{h}aŋ^{33}tiaŋ^{35}lo^{11}tɕ^{h}ə^{33}pi^{33}tsɛ^{35}paŋ^{31}]

dol jeb wuk jeb mangs，dad dol jeb niangb jeb vangt，dol jeb daib hlangb diangd lol qeb bib zaid bangf

老老少少集中起来，来学习我们自家的

[lɛ^{33}s^{h}ei^{35}ɣaŋ^{55}ho^{33},tɕ^{h}ə^{33}pi^{33}tsɛ^{35}lɛ^{33}tsɛ^{35}m^{h}u^{33}paŋ^{31}to^{11}lu^{11}paŋ^{31}to^{11} x^{h}ə^{33}to^{11}s^{h}ei^{35},a^{55}pɛ^{33}pi^{33}]

laib hseid vangx hob，qeb bib zaid laib zaid hmub bangf dol lul bangf dol hveb dol hseid，ax baib bib

民族语言文化知识，不能让

[tsɛ^{35}lɛ^{33}tsɛ^{35}m^{h}u^{33}noŋ^{35}paŋ^{31}to^{11}x^{h}ə^{33}s^{h}ei^{35}ta^{11}moŋ^{11}.]

zaid laib zaid hmub nongd bangf dol hveb hseid dal mongl。

我们的民族语言文化丢失。

——（据许才光的讲述记音）

参考文献

[1] 中央民族学院苗瑶语研究室编:《苗瑶语方言词汇集》,北京:中央民族学院出版社,1987。

[2] 张永祥主编、许士仁副主编:《苗汉词典(黔东方言)》,贵阳:贵州民族出版社,1990。

[3] 王辅世主编:《苗语简志》,北京:民族出版社,1985。

图书在版编目（CIP）数据

凯里养蒿寨苗语语料集萃 / 代少若，翟玲玉，许才光著. — 上海：上海三联书店，2023.1
（贵州民族语言研究丛书 / 吴胜伟主编）
ISBN 978-7-5426-7849-2

Ⅰ.①凯… Ⅱ.①代… ②翟… ③许… Ⅲ.①苗语-语料库-研究-凯里 Ⅳ.①H216

中国版本图书馆CIP数据核字（2022）第158137号

凯里养蒿寨苗语语料集萃

著　　者 / 代少若　翟玲玉　许才光
责任编辑 / 杜　鹃
装帧设计 / 一本好书
监　　制 / 姚　军
责任校对 / 王凌霄

出版发行 / 上海三联书店
（200030）中国上海市漕溪北路331号A座6楼
邮　　箱 / sdxsanlian@sina.com
邮购电话 / 021-22895540
印　　刷 / 上海惠敦印务科技有限公司

版　　次 / 2023年1月第1版
印　　次 / 2023年1月第1次印刷
开　　本 / 890mm × 1240mm 1/32
字　　数 / 160千字
印　　张 / 6.625
书　　号 / ISBN 978-7-5426-7849-2/H · 120
定　　价 / 59.00元

敬启读者，如本书有印装质量问题，请与印刷厂联系021-63779028